Descentralização da Seguridade Social com a Municipalização da Seguridade Social

Arleide Braga

Pós-Doutora em Direito pela Universidade Degli Studio Di Messina. Doutora em História do Direito e Estudos Sociais pela Universidad Museo Social Argentino de Buenos Aires. Mestre em Direito Constitucional pela Universidade Metropolitana de Santos. Especialista em Direito Ambiental e Direito do Trabalho pela Universidade Gama Filho/RJ. Bacharela em Direito e Licenciatura em Letras. Autora de vários artigos científicos publicados em Reconhecidos Periódicos e Revistas Científicas. Estudou na Harvard University, especializando-se na Gestão para o Ensino Superior, e no Massa-chusset Institute of Technology (MIT).

Descentralização da Seguridade Social com a Municipalização da Seguridade Social

EDITORA LTDA.
© Todos os direitos reservados

Rua Jaguaribe, 571
CEP 01224-003
São Paulo, SP — Brasil
Fone (11) 2167-1101
www.ltr.com.br
Junho, 2016

Produção Gráfica e Editoração Eletrônica: R. P. TIEZZI
Projeto de Capa: FABIO GIGLIO
Impressão: PIMENTA GRÁFICA E EDITORA

Versão impressa — LTr 5602.7 — ISBN 978-85-361-8910-9
Versão digital   — LTr 8984.2— ISBN 978-85-361-8922-2

Dados Internacionais de Catalogação na Publicação (CIP)
(Câmara Brasileira do Livro, SP, Brasil)

Braga, Arleide

   Descentralização da seguridade social com a municipalização da seguridade social / Arleide Braga. — São Paulo : LTr, 2016.

   Bibliografia.

   1. Direitos fundamentais 2. Direitos humanos 3. Previdência social —Brasil 4. Seguridade social I. Título.

16-04373   CDU-342.7:368.4

Índices para catálogo sistemático:
1. Direitos humanos e seguridade social : Direito 342.7:368.4
2. Seguridade social e direitos humanos : Direito 342.7:368.4

Dedico aos incansáveis advogados previdenciários, que no dia a dia buscam a efetivação dos direitos sociais previdenciários.

AGRADECIMENTOS

Sou profundamente grata as minhas Ks, Karina e Karen Braga, pela sua dedicação e amor aos estudos me instigou a retomada e porque não ir para a publicação desta obra.

Agradeço imensamente as essas duas pessoas tão inspiradoras, que com o seus sorrisos, empenho e participação, erguem o meu ânimo a cada manhã e me permito recomeçar sempre que penso em parar...

A vida é rápida, o tempo não nos pertence. Portanto quero agradecer as pessoas que entraram no meu "livro de memórias" algumas entraram e saíram, outras ocorreram o distanciamento por motivos alheios a minha vontade, mas o firme laço da amizade verdadeira, permaneceu — à Dra. Vera Lacerda, imbatível defensora dos direitos sociais e da dignidade da pessoa humana; a conheci nos bancos acadêmicos do curso de direito.

Ao Dr. Helio Gustavo, grande idealizador do IAPE, e incansável advogado, professor universitário, que sempre une os apaixonados pelo direito previdenciário com discussões de temas relevantes e novos.

Aos amigos Magistrados no Judiciário Paulista, pessoas que aprendo sempre e de quem tenho o maior modelo de vida. Vou guardar os seus nomes registrados no coração e na mente.

Aos professores FATEJEANOS, sem eles a concretização de um sonho estaria incompleto, vocês são a FATEJ, instituição de ensino superior por mim idealizada, logo que acabei o bacharelado em Direito, vislumbrei a necessidade de um curso devidamente regulamentado que preparasse profissionais para atuarem na área previdenciária administrativa, dada a grande demanda da época, filas intermináveis, criei o primeiro projeto pedagógico do curso superior de gestão pública previdenciária, apresentei ao Ministério da Educação que após avaliação autorizou a oferta do curso e com a conclusão da primeira turma reconheceu o primeiro curso superior de gestão pública previdenciária no Brasil, hoje ofertado pela FATEJ — Faculdade de Tecnologia Jardim em Santo André/SP, onde já formamos 13 turmas.

Meus alunos, FATEJEANOS meus agradecimentos, vocês me incentivam a estudar sempre.

Agradeço aos meus amigos também advogados, são pessoas que me inspiram na Advocacia Andreense.

Meus familiares, agradeço ao meu pai *in memorian* sendo uma pessoa sem nenhum letramento mas que tanto me ensinou, os valores formadores de minha existência, e que em sua homenagem coloquei o nome na biblioteca de minha FACULDADE FATEJEANA — Biblioteca "Ramiro da Silva Oliveira"; a minha querida Mãezinha — Dona Ana, você me inspirou a tornar-me sensível aos ensinamentos cristãos e a intensa confiança em DEUS, e a minha total dependência DELE.

Aos meus amigos do Doutorado na Universidad Museo Sociale Argentino, aos meus professores da Universidade de Messina, com as ricas discussões sobre os conflitos de garantias constitucionais, a corte Europeia... vocês me desafiaram a concluir o curso, um incentivando o outro.

Ao querido MESTRE Dr. Wagner Balera, meu orientador no Mestrado, ao Dr. Rizzato Nunes, mestres comprometidos, profundos conhecedores da arte de encantar com os seus conhecimentos, ao final de cada aula, já nascia a expectativa pela próxima, para os estudos sobre a dignidade da pessoa humana, muito obrigada.

Aos meus colaboradores na FATEJ, pessoas que sem vocês, não chegaria onde cheguei, meus agradecimentos, Sr. Luiz, Thiago, Daniel, Gabriela, são tantos cada um com a sua importância.

Agradeço a DEUS a cada manhã que me dá a oportunidade de começar um novo dia, onde sempre me reserva tantas maravilhas. Eu te agradeço e a ELE toda a honra.

SUMÁRIO

Prefácio 13

Introdução 17

1. O Princípio Constitucional da Dignidade da Pessoa Humana 19

1.1. O princípio da dignidade da pessoa humana e os benefícios previdenciários 19

    1.1.1. Dignidade: definição e diferenciações 20

    1.1.2. Direito de atributividade 23

    1.1.3. O direito como sistema de regras e princípios 25

    1.1.4. Dignidade da pessoa humana. Princípio fundamental. Eficácia jurídica 28

    1.1.5. Princípio da dignidade da pessoa humana. Caráter absoluto ou relativo 30

    1.1.6. Princípio da dignidade da pessoa humana. Previdência social 32

        1.1.6.1. Universidade da cobertura e do atendimento 36

        1.1.6.2. Uniformidade nas prestações beneficiárias 37

        1.1.6.3. A aquisição do direito à prestação previdenciária 38

    1.1.7. As prestações assistenciais como garantia do reconhecimento da dignidade da pessoa humana 40

2. Da Norma Jurídica 43

2.1. A norma jurídica 43

    2.1.1. A interpretação das normas jurídicas 43

    2.1.2. A classificação quanto às fontes 44

2.2. A Constituição Federal 45

    2.2.1. Conceito 45

    2.2.2. À constituição no sentido jurídico 46

    2.2.3. Características do direito 47

    2.2.4. A interpretação das normas constitucionais 47

    2.2.5. Aplicabilidade da norma constitucional 48

3. As Fontes do Direito 51

3.1. Fontes estatais e não estatais 51

    3.1.1. As fontes estatais 52

4. A Validade das Normas Jurídicas 54

4.1. A vigência das normas jurídicas no tempo 55

4.2. A vigência das normas jurídicas no espaço 55

4.3. A eficácia das normas jurídicas 56

4.4. A retroatividade das normas jurídicas 57

5. Controle da Constitucionalidade de Atos Normativos 59

5.1. Controle da constitucionalidade 59

    5.1.1. Órgãos de controle 60

    5.1.2. Formas de controle da constitucionalidade 61

5.2. Os meios de controle (repressivo) da inconstitucionalidade 61

5.3. Conceito de ato normativo para efeito de controle 61

6. Direito Social 63

6.1. Eficácia das normas constitucionais sobre a justiça social 63

6.2. A consagração dos direitos sociais 65

6.3. A força jurídica vinculante das constituições...67

6.4. Classificação das normas constitucionais quanto à imediata geração de direitos para os administrados 71

6.5. A justiça social na carta constitucional do país..72

6.6. A assistência social..78

    6.6.1. Dos direitos sociais 78

    6.6.2. Da assistência social...78

    6.6.3. A seguridade social...79

    6.6.4. O salário mínimo..80

7. Da Ordem Social 84

7.1. Do benefício assistencial — Lei n. 8.742/93 84

8. Da Justiça Social...90

8.1. Da renda mensal vitalícia ao amparo assistencial..91

Conclusão 95

Referências Bibliográficas 101

PREFÁCIO

O estudo com o qual a Professora Doutora Arleide Braga conquistou seu título de Mestre na Universidade Metropolitana de Santos encontra-se no cerne do debate contemporâneo da Seguridade Social.

Com efeito, a árdua tarefa em que consiste, para cada qual, a luta pelos direitos sociais, direitos de conquista como sublinhava certo autor, é, a seu modo, desempenhada pela autora quase como se fosse um múnus seu demonstrar, de modo cabal e exaustivo, que a seguridade é, dentre todos os direitos humanos, aquele que permite ao sujeito exercer, em plenitude, o rol de poderes, faculdades e projeções da respectiva personalidade de que se acha investido desde sempre, e que mais particularmente foram sumariados a partir do lançamento, aos 10 de dezembro de 1948, da Declaração Universal.

Com efeito, ao discorrer sobre a *Descentralização da Seguridade Social com a Municipalização da Seguridade Social*, levando em conta, sobretudo, que esse direito social é e só pode ser compreendido e sustentado, ou, dito por outras palavras, tornado efetivo se o sujeito puder tê-lo, por assim dizer, ao alcance da mão, a autora revela prontamente sua visão pragmática do fenômeno com que se depara.

A legislação de seguridade merece, evidentemente, todos os estudos cabíveis no plano teórico e é exatamente essa a função dos cursos de pós-graduação *stricto sensu*, no qual foi produzido este trabalho.

Tal legislação, porém, é bem de consumo direto porque atende necessidades básicas da pessoa humana, necessidades essas que se não forem atendidas farão perecer a própria vida do sujeito de direitos.

Sobre ser, como faz questão de sublinhar, com duplo sublinhado, a autora, um dos *essentialia* do Estado Democrático de Direito, o direito à seguridade social se destaca como expressão maior da cidadania e, num modelo de

Federação como a brasileira, a cidadania é maiormente exercida no Município, como cansava, sem descanso, de pregar o grande Mestre Franco Montoro.

Só exercerá a cidadania, baseada nos Direitos Humanos, aquele que puder desfrutar a respectiva posição jurídica, — de sujeito de direitos, ou mais precisamente de sujeito de direitos humanos, quem puder ter acesso, de pronto, aos bens (benefícios e serviços) aptos a proporcionar-lhe bem-estar. Eis a grande conquista do Estado do século XX, apropriadamente denominado Estado do Bem-Estar (*Welfare State*), ao qual não faltam detratores e algozes!

A defesa brilhante da dissertação, reveladora das excelentes qualidades pedagógicas de sua autora, fez por coroar a caminhada acadêmica trilhada com seriedade, competência e dedicação.

Perceberá o leitor, de pronto, que o leitmotiv do texto porque a autora faz questão de conduzir o trabalho ao seu desfecho previsível.

Um trabalho acadêmico, vou insistir na ideia, sobre ser a revelação do árduo caminho desenvolvido no itinerário do projeto, deve ser também o veículo para que o ideal do autor se ponha de manifesto.

Qual o ideal buscado, incessantemente, por Arleide Braga?

O de uma sociedade mais justa, mais humana, mais conforme com a harmonia e a solidariedade social.

É de interesse público que seja dado à estampa este escrito. Escrito que irá se perfilar aos tomos de relevância do direito social e, particularmente, do direito previdenciário.

A autora percorreu invejável percurso acadêmico até aqui. Já conquistou, para além do Mestrado, um Pós-Doutorado na Universidade de Messina — Itália, um Doutorado na Universidade Museo Social Argentino — UMSA, duas especializações, além da Licenciatura em Letras.

Percebe-se, de pronto, a vocação acadêmica que traz em germe na sua formação.

Mas, mesmo nessa seara, revela o espírito pragmático que ressai de sua personalidade poliédrica, espírito esse que, em meu parecer, foi conquistado nas árduas batalhas da advocacia previdenciária, na qual se destacou como aguerrida militante.

Refiro-me, particularmente, ao pioneiro projeto do 1º Curso de Gestão Pública Previdenciária — Autorizado e Reconhecido pelo MEC que leva a efeito na Faculdade de Tecnologia Jardim.

Mais do que em outros setores, a previdência carece de quadros especializados, que cumpram as sobranceiras tarefas que lhe incumbe.

E Arleide Braga aceitou o imenso desafio de formar esses quadros funcionais tão necessários ao Estado Social pátrio.

Foi uma honra para mim ter sido orientador da autora, como está sendo igualmente orientar uma de suas filhas, que segue seus passos acadêmicos com seriedade e afinco.

Cada vez que um livro é lançado o seu autor cumpre mais uma tarefa, conforme com os compromissos que assumiu consigo mesmo e com a comunidade que o acolheu. Eis o compromisso que acaba de cumprir a autora.

Wagner Balera
Professor Titular da Faculdade de Direito e Coordenador do Programa de Pós-Graduação em Direito da Pontifícia Universidade Católica de São Paulo

Introdução

À luz da Constituição Federal do Brasil, promulgada em 5 de outubro de 1988, cristalino é o desejo do legislador de que haja uma evolução no relacionamento entre o Estado e a pessoa humana no trato social.

A este se atribuiu um papel importantíssimo de velar pelo bem-estar comum e pela cidadania, para que entre as pessoas haja a solidariedade; para que isso se tornasse possível, foi entregue então os entes públicos para tal fim — ao Estado.

Todavia para que as necessidades humanas fossem a cada momento sendo supridas nos casos infortunísticos, dados aos fundamentos da própria Constituição Federal, "a dignidade da pessoa humana", faz-se necessário observarmos também os objetivos fundamentais da mesma Constituição.

Os objetivos trazidos pela Constituição Federal Brasileira são quatro e dentre estes vamos nos ater apenas aos três primeiros, "Art. 3º (...) I — construir uma sociedade livre, justa e solidária; II — garantir o desenvolvimento nacional; III — erradicar a pobreza e a marginalização e reduzir as desigualdades sociais".

O pretendido neste trabalho científico-jurídico é mostrar que a solidariedade, o respeito e a dignidade da pessoa humana, são necessários para uma sociedade justa, garantindo àqueles a quem a vida não lhe poupou dissabores, pois é possível oferecer-lhes condições de vida digna, viver bem e com dignidade pois este é o mandamento constitucional.

Na Carta Magna de 1988 no art. 203, V, o legislador, buscando atender aos objetivos constitucionais, assegura ao portador de deficiência física, bem como ao idoso, a garantia de um benefício mensal, sob a guisa de tutelar a condição mínima de subsistência, inciso este que veio a ser regulamentado por meio de Lei Ordinária n. 8.742, de 7 de dezembro de 1993, a qual viola a Constituição quando exigia 1/4 (um quarto) da renda familiar para então conceder o Benefício de Prestação Continuada, o benefício assistencial objeto deste trabalho.

Entende-se que essa violação à garantia constitucional oferece riscos com violação a dignidade da pessoa humana, com o consequente aumento da miserabilidade tão rechaçada dentro de nosso ordenamento jurídico, inclusive pela Carta Maior que busca a erradicação da pobreza.

A Carta Constitucional, por meio da Assistência Social, incumbiu a Seguridade Social para oferecer proteção a quem dela necessitar, independentemente de contribuição. Daí nasce o direito social do qual passaremos a discorrer, mostrando que a garantia constitucional está relegada aos ventos carecendo de maior participação dos entes Públicos: União, Estados e principalmente dos Municípios, na busca emergencial de garantir o DIREITO SOCIAL — a assistência aos que dela necessitam.

Para tanto, abordaremos a dignidade da pessoa humana enquanto princípio constitucional, e sua relevância para a prestação do amparo social, abordando as normas jurídicas que a regula, bem como as suas fontes.

1

O Princípio Constitucional da Dignidade da Pessoa Humana

O respeito à dignidade humana estampada nos direitos sociais, é patrimônio de suprema valia e faz parte tanto ou mais que algum outro, do acervo histórico, moral, jurídico e cultural de um povo. O Estado, enquanto seu guardião, não pode amesquinhá-lo, corroê-lo, dilapidá-lo ou dissipá-lo.

Se para fins de ação popular, o patrimônio ecológico — por ser o campo de ambiência humana —, é reconhecido como incluso no conceito de patrimônio público, não se pode negar que dentro deste conceito cabem interesses ainda mais fortes porque dizem respeito ao próprio homem e não simplesmente ao que lhe é exterior.

Então haverá que distinguir as normas de mera organização e as normas em que se encerram bens, interesses, que são produtos expressivos da cultura de um povo. Entre estas indubitavelmente encontram-se as normas relativas a JUSTIÇA SOCIAL.

A ação popular não é meio de defesa da legalidade. Porém, sendo via de defesa do patrimônio público, entendemos forçoso concluir que está plenamente juridicizada a possibilidade de atacar-se, por este meio, ato que lese este patrimônio comum do povo brasileiro: a JUSTIÇA SOCIAL, tal como estampada no DIPLOMA SUPERIOR DO PAÍS.

1.1. O PRINCÍPIO DA DIGNIDADE DA PESSOA HUMANA E OS BENEFÍCIOS PREVIDENCIÁRIOS

A esta obra cabe, inicialmente, algumas considerações acerca do direito positivo como um sistema jurídico harmônico composto por normas jurídicas. Evidenciamos a posição privilegiada do princípio da dignidade nos altiplanos do sistema e o fenômeno que fá-lo deitar efeitos em todo o ordenamento.

Posteriormente, buscaremos demonstrar a importância da Seguridade Social, seu âmbito subjetivo de atuação e a caracterização das relações jurídicas previdenciárias.

Por fim, fixamos a aplicação do princípio da dignidade da pessoa humana como o motor da imposição da vinculação automática das pessoas descritas no art. 11 da Lei de Benefícios (Lei n. 8.213/91) ao regime geral da previdência social e o cumprimento do art. 194, parágrafo único, I, da CF/88 por meio de tal interpretação.

1.1.1. Dignidade: definição e diferenciações

O significado dos signos linguísticos é estudado pela semântica. Um termo ou palavra pode ter um significado aberto, permitindo extensões e restrições em seu conteúdo, ser vago, ser impreciso, ser ambíguo. A ambiguidade e a vagueza não se confundem entre si. A primeira se dá quando há uma multiplicidade de conteúdos atribuídos a um mesmo signo. Por exemplo, a palavra vela que pode significar: o equipamento para funcionamento do motor de um automóvel, a vela de um barco ou a vela utilizada para iluminação.

Quanto à vagueza esta se dá quando existe uma zona de indeterminação na extensão do conteúdo de um signo, por exemplo, a palavra "magro". Não é possível determinar o conteúdo desta palavra (magro) sem uma dose de subjetividade e imprecisão.

> *"Sempre que um termo precisa de esclarecimento, dizemos que é um termo vago. Aclarar o significado de um termo equivale a eliminar a sua vagueza, o que é obtido, dando-lhe uma definição que permitirá decidir sobre a sua aplicabilidade em cada situação particular."*[1]

Reconhecer que um termo possui a característica de vagueza ou da polissemia não quer dizer que o seu conteúdo não possa ser determinado, pois, segundo a lição de Eros Roberto Grau:

> *"afirmar que as palavras ou expressões jurídicas são, em regra, ambíguas e imprecisas não quer, porém, dizer que não tenham elas significação determinável."*[2]

---

(1) COPI, Irwing M. Introdução à lógica. *Revista de Previdência Social*, São Paulo: RPS, n. 255, p. 124, fev. 2002.
(2) GRAU, Eros Roberto. *Direito, conceitos e normas jurídicas*. São Paulo: Revista dos Tribunais, 1988. p. 60.

Feitos esses esclarecimentos, far-se-á necessário fixarmos o conteúdo natural do termo dignidade uma vez que o mesmo é vago. Esta assertiva é impugnada por alguns autores renomados, pois entendem que o termo dignidade é ambíguo. Assim também entendíamos, em outra oportunidade. Entretanto, após refletirmos sobre o assunto, inclinamo-nos a entender que o termo dignidade é vago.

Apesar de a palavra em tela comportar vários significados, estes possuem uma mesma base comum. Não pretende significar objetos distintos entre si, mas o mesmo objeto visto por ângulos diferentes. O que confere vários significados à palavra dignidade é a ampliação ou restrição de seu conteúdo, em cada campo da ordem social e mesmo em cada uma destas ordens, dentro de contextos que podem diferir no tempo e no espaço.

Os limites do significado diferem de uma sociedade para outra, de um espaço para outro, uma vez que é formada a partir de influências religiosas, filosóficas e morais.

Durante a pesquisa realizada para delimitar um conteúdo para a palavra dignidade foram encontradas varias definições, nada obstante essas serem distintas, pois procuravam relatar uma mesma realidade. Destas adotamos a doutrina de Kant, onde o conteúdo da palavra dignidade é definido como um valor absoluto e intrínseco ao ser humano. Em sua Metafísica dos Costumes, Immanuel Kant entendeu que uma pessoa não pode nunca ser vista como meio, mas sempre como fim.

Baseado nas ideias de Kant, Nicola Abbagnano considera:

> *"Age de tal forma que trates a humanidade, tanto na tua pessoa como na pessoa de qualquer outro, sempre também como um fim e nunca unicamente como um meio. Esse imperativo estabelece que todo homem, aliás, todo ser racional, como fim em si mesmo, possui um valor não relativo (como é, p. ex. um preço), mas intrínseco, ou seja, a dignidade. 'O que tem preço pode ser substituído por alguma outra coisa equivalente, o que é superior a uma equivalência, tem dignidade."*[3]

Apesar de poder significar um valor absoluto e intrínseco ao ser humano — sob o ponto de vista kantiano — a palavra dignidade não deixa de ser um signo, e, pelos ensinamentos de Eros Roberto Grau o signo não é o próprio objeto, mas apenas está no lugar do objeto. Logo, não a palavra dignidade não é o próprio valor referido por Kant, mas, representa este valor.

---

(3) ABBAGNANO, Nicola. *Dicionário de filosofia*. 5. ed. São Paulo: Martins Fontes, 2007. p. 276.

"Se representa o objeto, produz na mente do intérprete alguma coisa que também está relacionada ao objeto não diretamente, porém pela mediação do signo."[4]

Existem palavras que possuem uma conotação objetiva, enquanto outras uma conotação subjetiva. Essa última característica quer dizer que, além de representar um dado cultural, a palavra conotação subjetiva pode ter seu significado ainda mais flexível.

"A conotação subjetiva de uma palavra, para uma determinada pessoa, é o conjunto de propriedades que essa pessoa acredita ter possuído pelos objetos incluídos na extensão da palavra. É evidente que a conotação subjetiva de um termo pode variar de pessoa para pessoa."[5]

O que foi dito aplica-se à palavra dignidade numa dada sociedade, ao referido termo pode ser atribuído um dado significado, que poderá tornar-se mais amplo ou menos restrito, de pessoa para pessoa, dentro deste mesmo corpo social.

Isso quer dizer que, mesmo o conteúdo da expressão valor absoluto e intrínseco, representado pela palavra dignidade, poderá ser entendido de forma diferente, de pessoa para pessoa, de acordo com a experiência, conhecimento e ideologia de cada um, vez que tal expressão também está vertida em linguagem natural e configura-se num signo.

Mas, essas dificuldades podem ser superadas. Na lição de Genaro Carrió: *"Las dificultades prácticas pueden superarse si tomamos la precaución de precisar, en todos los casos de posible Duda, el sentido con que hemos empleado tal o cual palabra o expresión"*. É o que pretendemos fazer nos tópicos seguintes, não procurando identificar o conteúdo natural da dignidade, mas o seu conteúdo deôntico encontrado por meio dos critérios fornecidos pelo Ordenamento Jurídico brasileiro.

Retornando ao aspecto semântico do termo dignidade, é interessante ressaltar que o mesmo se baseia em um *"conceito de pessoa, como categoria espiritual, como subjetividade, que possui valor em si mesmo, como ser de fins absolutos, e que, em consequências, é possuidor de direitos subjetivos ou direitos fundamentais e possui dignidade"*[6]. Essa ideia surge com o Cristianismo, com a chamada filosofia patrística, que depois foi desenvolvida pelos escolásticos. Javier Conde

---

(4) GRAU, Eros Roberto. *Direito, conceitos e normas jurídicas.* São Paulo: Revista dos Tribunais, 1988. p. 63.
(5) COPI, Irwing M. Introdução à lógica. *Revista de Previdência Social*, São Paulo: RPS, n. 255, p. 124, fev. 2002.
(6) SANTOS, Fernando Ferreira dos. *Princípio constitucional da dignidade da pessoa humana.* São Paulo: Celso Bastos — Instituto Brasileiro de Direito Constitucional, 1999. p. 19.

destaca que esta doutrina *"abrió al hombre la posibilidad de un modo de coexistência política radicalmente nuevo"*[7].

> *"El cristianismo supuso una conquista definitiva en la concepción de la persona humana. La palabra persona referida al hombre cambia de sentido con la concepción católica de la igualdad esencial de los hombres y que lleva a que, desde muy pronto, se le distinga como expresión de la especial dignidad propia de todo hombre, como ser racional y creado a imagen y semejanza de Dios."*[8] Por eso, diz Perez, citando Garcia López, *la persona es un fine en sí misma, nunca es medio. Las cosas son medios, y están ordenadas a las personas, a su beneficio; pero las personas, aunque ordenen en cierto modo unas a otras, nunca están entre sí en relación de medio a fin; reclaman un absoluto respecto y no deben ser instrumentalizadas.*[9]

Na Bíblia, em seu Antigo e Novo Testamento é possível encontrarmos referências que o ser humano foi criado à imagem e semelhança de Deus; esta é a premissa maior do raciocínio conclusivo sobre o valor intrínseco ao homem. Isso coloca o ser humano como fim e não como meio ou instrumento, afastando toda e qualquer ideia quanto à quantificação ou modulação deste valor natural representado pela palavra dignidade, dentro de cada sociedade.

Por último, cumpre-nos esclarecer que, a expressão dignidade da pessoa humana não tem o mesmo sentido de dignidade humana. *"Aquela expressão dirige-se ao homem concreto e individual; esta à humanidade, entendida como qualidade comum a todos os homens ou como conjunto que engloba e ultrapassa"*[10], ou seja, a dignidade da pessoa é inerente a cada indivíduo e, quando atingida, causa danos apenas na esfera pessoal, enquanto que a dignidade humana abarca toda a espécie humana, sendo assim, quando vilipendiada, consiste em insulto a toda uma sociedade.

1.1.2. Direito de atributividade

É muito difícil definir rigorosamente o Direito. Várias são as suas definições e perspectivas doutrinárias. Particularmente, entendemos o Direito como um complexo de normas jurídicas válidas em determinado momento histórico e em dado espaço territorial.

---

(7) PEREZ, Jesus Gonzales. *La dignidad de la persona.* 2. ed. Madrid: Civitas, 2011. p. 28.
(8) *Ibidem*, p. 28.
(9) *Idem*.
(10) MIRANDA, Jorge. *Manual de direito constitucional.* 4. ed. Coimbra: Coimbra, 2008. t. IV, p. 170.

Expresso em linguagem perspectiva, o direito disciplina o comportamento humano. Sua importância é demonstrada no escólio de Lourival Vilanova *apud* Paulo de Barros Carvalho:

> *"Altera-se o mundo físico mediante o trabalho e a tecnologia, que o potencia em resultados. E altera-se o mundo social mediante a linguagem das normas, uma classe da qual é a linguagem das normas do Direito."*[11]

O direito positivo como instrumento de ordenação da conduta humana é criado pelo Estado a partir da técnica da atributividade ou imputação. Por esta técnica diz-se que o Direito cria a sua própria realidade. Nas palavras do mestre Vilanova *"juridicamente relevante é o fato do mundo (natural e social) que se torna suporte de incidência de uma norma, norma que lhe atribui efeitos, que não os teria sem a norma"*[12].

A regra jurídica transforma o determinismo *natural* (espontâneo ou ao arbítrio do indivíduo) dos fatos sociais, em um determinismo *artificial*, porque impõe àqueles fatos sociais uma distorção específica um comportamento prefixado cuja estrutura e direção apresentou o legislador como necessárias ao Bem Comum. A referida realidade natural pode figurar no que Hans Kelsen chamou de *ser* e a realidade artificial criada pela norma jurídica pode ocupar a posição do que ele chamou de *dever-ser*. 'Ser' e 'dever-ser' são puramente conceitos formais, duas formas ou modos que podem tomar todo e qualquer conteúdo, mas precisa ter um conteúdo determinado para serem razoáveis. Um algo que é, um algo que deve ser. Dessa forma, toda a "realidade" prescrita pelo *dever-ser* será necessariamente diferente da realidade existente no *ser*.

Esse introito tem a finalidade de demonstrar que a *dignidade*, na condição de *valor* intrínseco ao ser humano, está no campo do *ser* e possui um conteúdo próprio e absoluto. Este conteúdo não se confunde, porém, com o conteúdo da *dignidade* prescrita em dada norma jurídica presente num tempo e espaço determinados. Segundo Emilio Betti *apud* Becker:

> *"A elaboração do direito positivo pressupõe e faz necessária uma liberdade para deformar e transfigurar os fenômenos da realidade social e isto decorre da própria lógica do procedimento normativo."*[13]

Disso decorre que: *"toda e qualquer regra jurídica nunca é a simples consagração ou 'canonização' de uma diretriz fornecida pelas ciências pré-jurídicas, porém é*

---

(11) CARVALHO, Paulo de Barros. *Curso de direito tributário*. São Paulo: Saraiva, 2014. p. 2.
(12) VILANOVA, Lourival. *Causalidade e relação no direito*. São Paulo: Revista dos Tribunais, 2000. p. 30.
(13) BECKER, Alfredo Augusto. *Teoria geral do direito tributário*. Porto Alegre: Livraria do Advogado, 2013. p. 58.

sempre o resultado de uma escolha premeditada, de um equilíbrio e de uma verdadeira construção"[14].

A *dignidade da pessoa humana* é um dado pré-jurídico (advém da ciência e da moral) configurado num valor absoluto e ínsito ao próprio homem. Quando pelo Direito, este valor é deformado, transfigurado de seu desenho inicial e transformado numa *realidade jurídica*. Isso quer dizer que a partir de sua positivação o conceito de *dignidade* será aquele valor *desenhado* pelo ordenamento e não mais o valor inicial.

No sistema jurídico brasileiro, a dignidade da pessoa humana está prescrita no art. 1º, III, da CF/88 e participa mesmo da formação do Estado brasileiro, configurando-se num dos pilares, num dos mais importantes princípios de todo o ordenamento. A dignidade da pessoa humana, enquanto princípio constitucional, põe em evidência o ser humano, intrinsecamente considerado, para o qual deve convergir todo o esforço de proteção pelo Estado, por meio de seu ordenamento positivo.

1.1.3. O direito como sistema de regras e princípios

No Brasil, o ordenamento tem em seu cume a Constituição Federal de 1988.

> *"Por força da supremacia constitucional, nenhum ato jurídico, nenhuma manifestação de vontade pode subsistir validamente se for incompatível com a norma fundamental."*[15] *"A superioridade normativa da Constituição traz, ínsita em sua noção conceitual, a ideia de um estatuto fundamental, de uma* fundamental law, *cujo incontrastável valor jurídico atua como pressuposto de validade de toda ordem positiva instituída pelo Estado."*[16]

O Diploma constitucional é formado a partir da interação de suas normas jurídicas que se dividem em regras e princípios. Tanto as regras quanto os princípios são normas jurídicas, prescrevem um *dever-ser* deôntico. Um e outro trazem ínsito à sua formação um modal deôntico: obrigar, permitir ou proibir.

Além disso, as normas jurídicas veiculam valores que o legislador positiva, como sendo essenciais para dirigir o corpo social.

---

(14) BECKER, Alfredo Augusto. *Teoria geral do direito tributário*. Porto Alegre: Livraria do Advogado, 2013. p. 79.
(15) BARROSO, Luís Roberto. *Interpretação e aplicação da constituição*: fundamentos de uma dogmática constitucional transformadora. 3. ed. São Paulo: Saraiva, 1999. p. 150.
(16) *Ibidem*, p. 158.

"O valor é uma relação que se estabelece entre o sujeito do conhecimento e o objeto, de tal modo que, em função de suas necessidades, o ser humano acaba atribuindo qualidades positivas ou negativas a esse objeto."[17]

Ele o faz tomando por base as suas necessidades. O legislador recolhe os valores que são caros à sociedade e positivando torna-os normas jurídicas (configurando-os em espécies de princípios ou regras, conforme a maior ou menor generalidade do valor positivado).

Na lição do emérito Paulo de Barros Carvalho, toda norma contém, necessariamente, valores.

"Convencionou-se chamar de 'princípio' aquelas portadoras de núcleo de significação de grande magnitude, influenciando diretamente a orientação das demais normas e grupos normativos. Estes princípios servem de vetor de agregação para outras normas do direito positivo."[18]

Por essa razão tornam-se preceitos dotados de acentuada generalidade.

Existem valores distribuídos nas normas de vários setores jurídicos e em todos os níveis do direito posto. Porém, o escalonamento hierárquico em que se estrutura nossa ordem jurídica e o papel do subsistema constitucional como fundamento último das normas positivas, para este subsistema que o legislador encaminha os valores que julga ser os mais importantes e cuja influência quer ver irradiada por todo o sistema.

A articulação entre princípios e regras, de diferentes tipos e características demonstram a constituição como um sistema interno. O sistema constitucional é formado a partir dos chamados "princípios estruturantes" ou fundamentais. Além desta espécie contribuem para a formação constitucional os chamados "subprincípios" e as "regras constitucionais". Do geral para o particular, um se assentando sobre o outro, num sistema de particularização ou *concretização*, segundo Canotilho[19]: *"O método de **concretização** ou **densificação** (do geral para o particular) se justifica porque a Constituição é formada por normas jurídicas que possuem densidade semântica diferente"*.

Segundo o autor supracitado, existem em primeiro lugar, certos princípios designados por *princípios estruturantes*, constitutivos e indicativos das ideias diretivas básicas de toda a ordem constitucional. São, por assim dizer, as

---

(17) CARVALHO, Paulo de Barros. O princípio da segurança jurídica em matéria tributária. *Revista da Faculdade de Direito*, Universidade de São Paulo, 98, p. 98, 2003.
(18) CARVALHO, Paulo de Barros. *O princípio da territorialidade no regime de tributação da renda mundial*. São Paulo: M. Limonad, 1998. p. 7.
(19) CANOTILHO José Joaquim Gomes. Direito constitucional e teoria da constituição. *Revista de Previdência Social*, São Paulo: RPS, n. 255, p. 126, fev. 2002.

traves-mestras jurídico-constitucionais do estatuto jurídico político (grifos do autor). Estes princípios ganham concretização por meio de outros princípios (ou subprincípios) que densificam-nos, iluminando o seu sentido jurídico-constitucional e político-constitucional, formando, ao mesmo tempo, com eles, um sistema interno.

Os subprincípios gerais por sua vez, são densificados por subprincípios especiais, que são densificados, por regras constitucionais. Canotilho alerta, todavia, que este esquema (de densificação) não se desenvolve apenas numa direção, de cima para baixo, ou seja, dos princípios mais abertos para os princípios e normas mais densas, ou de baixo para cima, do concreto para o abstrato. "*A formação do sistema interno consegue-se mediante um processo biunívoco de 'esclarecimento recíproco'*" (LARENZ)[20]. Os princípios estruturantes ganham densidade e transparência por meio das suas concretizações (em princípios gerais, princípios especiais e regras), e estas formam com os primeiros uma unidade material (unidade da Constituição).

Os princípios recebem seu conteúdo de sentido por meio do jogo concretado de complementação e restrição recíprocas, nos ensina Canaris. Só no seu jogo se esclarecerão ao alcance e pleno significado dos princípios. O "jogo concretado" dos princípios significa que, no conjunto de uma regulamentação, não só se complementam, mas também se restringem reciprocamente.

Os princípios, na verdade, convivem, acordam, entre si, de modo que cada um *respeita* o valor do outro. Tendo em vista a importância que a sociedade atribuiu a cada um, todos hão de permanecer no sistema, nenhum poderá ser excluído em detrimento de outro, sob pena de ser solapado o cânone da unidade do ordenamento. Essa questão é muito importante, tendo em vista a solução a ser dada no caso de eventual *choque* ou incompatibilidade entre os vários princípios e subprincípios existentes no ordenamento jurídico.

Um princípio poderia ser afastado para a prevalência total de outro? A resposta à questão vem do mestre Canotilho:

"*A pretensão de validade absoluta de certos princípios com sacrifício de outros originaria a criação de princípios reciprocamente incompatíveis, com a consequente destruição da tendencial unidade axiológico-normativa da lei fundamental. Daí o reconhecimento de momentos de tensão ou antagonismo entre os vários princípios e a necessidade de aceitar que os princípios não obedecem, em caso de conflito, a uma 'lógica de tudo ou nada', antes podem*

---

(20) LARENZ, Karl. Metodologia da ciência do direito. *Revista de Previdência Social*, São Paulo: RPS, n. 255, p. 127, fev. 2002.

ser objeto de ponderação e concordância prática, consoante o seu 'peso' e as circunstâncias do caso."[21]

1.1.4. Dignidade da pessoa humana. Princípio fundamental. Eficácia jurídica

A Constituição Federal de 1988, no título "Dos Princípios Fundamentais", em seu art. 1º, III, dispõe, *in verbis*:

> *"Art. 1º A República Federativa do Brasil, formada pela união indissolúvel dos Estados e Municípios e do Distrito Federal, constitui-se em Estado Democrático de Direito e tem como fundamentos:*
>
> (...)
>
> III — *a dignidade da pessoa humana."*

A dignidade prevista no dispositivo acima citado:

> *"É a da pessoa concreta, na sua vida real e quotidiana; não é de um ser ideal e abstrato. É o homem ou a mulher, tal como existe, que a ordem jurídica considera irredutível e insubstituível e cujos direitos fundamentais a Constituição enuncia e protege. Em todo homem e em toda a mulher estão presentes todas as faculdades da humanidade."*[22]

O artigo acima disposto consagra-se expressamente à dignidade da pessoa humana como um dos fundamentos do nosso Estado democrático (e social) de Direito (art. 1º, inc. III, da CF). O Constituinte de 1988 — a exemplo do que ocorreu na Alemanha —, além de ter tomado uma decisão fundamental a respeito do sentido, da finalidade e da justificação do exercício do poder estatal e do próprio Estado, reconheceu categoricamente que é o Estado que existe em função da pessoa humana, e não o contrário, já que o ser humano constitui a finalidade precípua, e não meio da atividade estatal. Concordamos com Sarlet quando confere razão:

> *"Aos que apresentam a dignidade da pessoa humana como critério aferidor da legitimidade substancial de uma determinada ordem jurídico-constitu-*

---
(21) CANOTILHO, José Joaquim Gomes. Direito constitucional e teoria da constituição. *Revista de Previdência Social*, São Paulo: RPS, n. 255, p. 127, fev. 2002.
(22) MIRANDA, Jorge. *Manual de direito constitucional*. 4. ed. Coimbra: Coimbra, 2008. t. IV, p. 170.

cional, já que diz com os fundamentos e objetivos, em suma, com a razão de ser do próprio poder estatal."[23]

Apesar da terminologia diversa, faz-se oportuno citar o mestre Eduardo Garcia de Enterría, ao ensinar: *"La dignidad de la persona como principio general del Derecho constituye una de las bases de Derecho, que fundamentan, sostienen e informan el Ordenamiento"*[24].

Pelo exposto poderíamos concluir que, um dos princípios constitucionais que ocupam maior proeminência no ordenamento jurídico brasileiro, ou seja os que possuem maior "peso" frente aos demais princípios e normas constitucionais e infraconstitucionais é o princípio da dignidade humana (princípio estruturante ou fundamental) deita seus reflexos por todo o ordenamento jurídico, uma vez que se encontra entre os princípios fundamentais do ordenamento jurídico pátrio.

Como princípio fundamental ou estruturante, é uma das normas jurídicas com expressivo conteúdo axiológico, pois está colocada pelo sistema no patamar de seus mais elevados escalões:

"Precisamente para penetrar, de modo decisivo, cada uma das estruturas mínimas e irredutíveis de significação deôntica outorgando unidade ideológica à conjunção que, por imposição dos próprios fins regulatórios que o direito se propõe implantar, organizam os setores mais variados da convivência social."[25]

Essa penetração das estruturas jurídicas menores se dá por meio do esquema de densificação acima demonstrado. O princípio da dignidade da pessoa humana é "densificado" a partir da aplicação de subprincípios, regras constitucionais e infraconstitucionais.

Como exercício mental inicial e a título de simples exemplo, é razoável dizer que a dignidade da pessoa humana é concretizada por meio do subprincípio que prescreve o tratamento igualitário, art. 5º, *caput*, da CF/88 (princípio da igualdade — subprincípio geral).

Em cada subsistema jurídico, o princípio sob estudo — já *densificado* pelo art. 5º, *caput*, da CF/88 — continuará sendo densificado por meio de subprincípios especiais, por exemplo: no direito penal, por meio da legalidade estrita; no direito processual civil, por intermédio do devido processo legal; no direito tributário, pela capacidade contributiva etc.

---

(23) SARLET, Ingo Wolfgang. *Dignidade da pessoa humana e direitos fundamentais na Constituição Federal de 1988*. Porto Alegre: Livraria do Advogado, 2001. p. 81.
(24) PÉREZ, Jesús Gonzales. *La dignidad de la persona*. 2. ed. Madrid: Civitas, 2011. p. 88.
(25) CARVALHO, Paulo de Barros. Proposta de modelo interpretativo para o direito tributário. *Revista de Direito Tributário*, São Paulo: Malheiros, n. 70, p. 128, 1998.

Sob o ponto de vista da seguridade social, os subprincípios da universalidade da cobertura e do atendimento, e, o subprincípio da uniformidade (subprincípios especiais), também auxiliam na concretização da dignidade da pessoa humana.

Pelo primeiro subprincípio vemos que as prestações da seguridade deverão abranger o máximo de situações de proteção social do trabalhador e de sua família, tanto subjetiva quanto objetivamente, respeitadas as limitações de cada área de atuação, portanto, implementa as prestações e identifica as pessoas que podem requerer os benefícios colocados à disposição dos que deles necessitem.

Por outro lado, as diferenças históricas existentes entre os direitos do trabalhador urbano e rural devem ser reduzidas paulatinamente até a extinção. A legislação previdenciária posterior à Constituição Federal de 1988 adequou-se ao princípio, sem fazer discriminação entre os trabalhadores urbanos e rurais, exceto pelo tratamento diferenciado do segurado especial, devido a características particulares desta espécie de segurado.

Além das densificações demonstradas no campo previdenciário, existem outras que defluem de regras constitucionais, como por exemplo, a prescrita no art. 201, § 2º, da CF/88. Este dispositivo constitucional — cujo modal deôntico é proibir — impede que qualquer prestação previdenciária tenha valor inferior ao previsto para o salário mínimo legal. Isso garante, constitucionalmente, ao beneficiário das prestações, as condições mínimas de vida prevista no art. 7º, IV, da Carta Maior.

> "Salário mínimo, fixado em lei, nacionalmente unificado, capaz de atender a suas necessidades vitais básicas e às de sua família com moradia, alimentação, educação, saúde, lazer, vestuário, higiene, transporte e previdência social, com reajustes periódicos que lhe preservem o poder aquisitivo, sendo vedada sua vinculação para qualquer fim."

Por ser uma norma jurídica de eficácia plena, o princípio da dignidade da pessoa humana, pode ser aplicado independentemente de quaisquer outras providências legislativas. Todavia, em vista de sua generalidade o intérprete deverá promover a sua densificação para aplicá-lo no caso concreto, em nome do primado da unidade do ordenamento jurídico.

1.1.5. Princípio da dignidade da pessoa humana. Caráter absoluto ou relativo

A dignidade, segundo Ingo Sarlet,

"não deve ser tratada como um espelho no qual todos veem o que desejam ver, sob pena de a própria noção de dignidade e sua força normativa correr o risco de ser banalizada e esvaziada. Citando Häberle, o autor recomenda um uso não inflacionário da dignidade e repudia a utilização da mesma de modo panfletário ou como fórmula vazia de conteúdo, pois é fato que o recurso exagerado e sem qualquer fundamentação racional pode acabar por contribuir para a erosão da própria noção de dignidade como valor fundamental de nossa ordem jurídica."[26]

O alerta, todavia, não poderá ensejar uma reação radical em sentido contrário, sob pena do amesquinhamento do princípio em tela. Neste passo, pensamos não assistir razão ao Senador Gerson Camata, autor do Projeto de Lei n. 43, que objetivando defender e proteger a *dignidade da pessoa humana*, limita-se a tratá-la tendo por fundamento a hipótese prevista no art. 5º, X, da CF/88. Lembramos que o princípio fundamental invocado pelo insigne legislador vincula todo o ordenamento jurídico brasileiro e não somente o art. 5º, X, da Carta Maior. Todos os dispositivos da Constituição Federal, bem como as demais leis que lhes são inferiores, devem ser lidos com olhos fixos no princípio da dignidade da pessoa humana. Acaso aprovado, o referido projeto de lei deverá ser entendido como regulamentação exclusiva do art. 5º, X, não obstando que outros projetos de lei sejam criados com o mesmo objeto e finalidade previstos na ementa do projeto *sub examinen*, qual seja: proteger e defender a dignidade da pessoa humana[27].

O Conteúdo semântico da dignidade da pessoa humana, reconhecida no art. 1º, III, da CF/88, deve ser encontrado a partir dos critérios disponíveis em todos os subsistemas jurídicos. Apesar de sua prevalência, eventualmente terá de submeter-se a adequações, com vistas ao equilíbrio necessário que poderá partilhar com os demais valores albergados pelo ordenamento jurídico.

Frente a estas considerações, importa indagar: a dignidade da pessoa humana, prevista no art. 1º, III, da CF/88, foi considerada pelo constituinte como valor absoluto ou o legislador maior permitiu "limitações" à dignidade pessoal?

A direção à solução do problema vem da lição do ilustre mestre Paulo de Barros Carvalho, para quem:

"Os enunciados do direito positivo não são expressões de atos de objetivação cognoscente. Não pretendem representar o real-social, descrevendo-lhe os aspectos. Longe disso, o vetor semântico que os liga ao 'mundo da vida' contém,

---

(26) SARLET, Ingo Wolfgang. *Dignidade da pessoa humana e direitos fundamentais na Constituição Federal de 1988*. Porto Alegre: Livraria do Advogado, 2001. p. 100.
(27) Cf. art. 5º da Lei Complementar n. 95/1998.

invariavelmente, um dever-ser. O dever-ser, frequentemente, comparece disfarçado na forma apofêntica, como se o legislador estivesse singelamente descrevendo situações da vida social ou eventos da natureza."[28]

Mas, não é possível olvidar que o Direito é um instrumento de ordenação social. Conforme já alertado anteriormente, o Direito transforma dados *pré-jurídicos* em dados *jurídicos*. Transforma a realidade social em realidade jurídica, e é por este ângulo que devemos entender a dignidade prevista no art. 1º, III, retrocitado.

A doutrina majoritária mostra-se absolutamente contrária a qualquer tipo de restrição à dignidade pessoal, pois considera restrição como sinônimo de violação, o que é vedado. Nesta linha de entendimento, nem mesmo o interesse comunitário pode justificar ofensa à dignidade individual, pois esta deve ser considerada como valor absoluto e insubstituível de cada ser humano.

Particularmente, concordamos com o Professor Ingo Sarlet: até mesmo o princípio da dignidade da pessoa humana (por força de sua própria condição principiológica) acaba por sujeitar-se a uma necessária relativização, nada obstante, sua prevalência no confronto com outros princípios e regras constitucionais.

1.1.6. Princípio da dignidade da pessoa humana. Previdência Social

A segurança é um dos termos do binômio que, com a liberdade, forma o sustentáculo da felicidade, segundo a lição arguta do mestre Feijó Coimbra:

> "Pode ser dito que o homem, ao integrar-se em uma sociedade, abre mão de uma parcela da liberdade, em troca da quantidade de segurança que almeja. (...) O único propósito pelo qual o poder pode ser legitimamente exercido sobre qualquer membro de uma comunidade civilizada, contra a sua vontade, é o de prevenir o mal a outros."[29]

A seguridade social, por sua vez, é o instrumento por meio do qual se garante o bem-estar material, moral e espiritual de todos os indivíduos de uma sociedade. Por meio do sistema de seguridade o ser humano queda-se livre de todo estado de necessidade no qual possa se encontrar, alcançando assim a segurança.

---

(28) CARVALHO, Paulo de Barros. Proposta de modelo interpretativo para o direito tributário. *Revista de Direito Tributário*, São Paulo: Malheiros, n. 70, p. 129, 1998.
(29) COIMBRA, Feijó. *Direito previdenciário brasileiro*. Rio de Janeiro: Edições Trabalhistas, 2001. p. 44.

A doutrina especializada é unânime em assegurar que a seguridade social é um sistema integrado de ações protetivas que atinge todo e qualquer indivíduo e cobre toda e qualquer necessidade humana.

Este ideal protetivo, que atinge a proteção integral é de difícil alcance, uma vez que a cobertura de toda necessidade requer um financiamento de tal monta que a coletividade, em regra, não consegue manter, uma vez que a criação e a implantação de toda forma de seguridade social são necessariamente dependente de seu sistema de financiamento.

Por outro lado, é oportuno recordar um trecho da Declaração de Querétaro, de 1974, do V Congresso Ibero-Americano de Direito do Trabalho e da Segurança Social, que diz:

"La seguridad social tiene el deber de proporcionar un nivel decoroso de visa a las personas en estado de necesidad, a cuyo fin organizará seguros de maternidad, enfermedad, invalidez, vejez, muerte del jefe de familia, desempleo voluntario, gastos extraordinarios, daños causados por el trabajo, subsidios o asignaciones familiares, y de orfandad y otros semejantes. Organizará, asimismo, sistemas de rehabilitación para los trabajadores afectados en su capacidad de trabajo."[30]

Grande número de países do mundo possui um sistema de seguridade social, cada qual com seu formato peculiar, adequado à cultura e condições financeiras da sociedade. No Brasil, a Constituição Federal de 1988 instituiu a seguridade social em seu art. 194, *caput, in verbis*:

"Art. 194. *A seguridade social compreende um conjunto integrado de ações de iniciativa dos Poderes Públicos e da sociedade, destinadas a assegurar os direitos relativos à saúde, à previdência e à assistência social."*[31]

O parágrafo único do mesmo dispositivo traça os objetivos do sistema de seguridade social pátrio, dentre eles citamos:

"Parágrafo único. Compete ao Poder Público, nos termos da lei, organizar a seguridade social, com base nos seguintes objetivos:

I — universalidade da cobertura e do atendimento."

Depreende do texto legal que a seguridade social, no Brasil, é formada a partir da integração de ações de iniciativa dos Poderes Públicos e da socie-

---

(30) FERREIRA LEITE, João Antonio G. *Curso elementar de direito previdenciário*. São Paulo: LTr, 1977. p. 49.
(31) *Constituição Federal da República Federativa do Brasil de 1988*.

dade, destinadas a assegurar os direitos relativos à saúde, à previdência e à assistência social.

O sistema de saúde foi regulamentado pela Lei n. 8.080/90 que reconhece a saúde como um direito fundamental do ser humano e, com base constitucional, atribui ao Estado o dever de prover as condições indispensáveis ao seu pleno exercício. Em 1993, foi regulamentado por meio da Lei n. 8.742 o sistema de assistência social, que por intermédio de um financiamento não contributivo, visa prover o mínimo social para combater, dentre outras situações, a pobreza. Quanto à previdência social, esta foi regulamentada a partir das Leis ns. 8.213/91 (sistema de benefícios) e 8.212/91 (sistema de custeio).

O presente trabalho se restringirá a considerações acerca do sistema de Assistência Social brasileira, que, por natureza não contributiva, se espelha na Solidariedade e na Justiça Social.

Inicialmente, deve-se questionar: A justiça social é um princípio jurídico?

No preâmbulo da Constituição Federal Brasileira de 1988, consta que a justiça é um dos valores supremos de uma sociedade fraterna, pluralista, sem preconceitos e fundada na harmonia social[32]. Neste sentido, Kelsen observava que o Preâmbulo...

> "[...] expressa as ideias políticas, morais e religiosas que a Constituição tende a promover. Geralmente, o Preâmbulo não estipula normas definidas em relação com a conduta humana e, por conseguinte, carece de um conteúdo juridicamente importante. Tem um caráter antes ideológico que jurídico."

Apesar de destituído de grande concretude[33], o preâmbulo constitucional presta-se como norte interpretativo de toda a Carta Constitucional. José Afonso da Silva, referindo-se expressamente ao preâmbulo da Constituição Federal de 1988, afirmou:

> "O Estado Democrático de Direito destina-se a assegurar o exercício de determinados valores supremos. 'Assegurar' tem, no contexto, função de garantia dogmático-constitucional; não, porém, de garantia dos valores abstratamente considerados, mas do seu 'exercício'. Este signo desempenha,

---

(32) "Nós, representantes do povo brasileiro, reunidos em Assembleia Nacional Constituinte, para instituir um Estado democrático, destinado a assegurar o exercício dos **direitos sociais** e individuais, a liberdade, a segurança, **o bem-estar**, o desenvolvimento, a igualdade e **a justiça** como valores supremos de uma sociedade fraterna, pluralista e sem preconceitos fundada na harmonia social e comprometida, na ordem interna e internacional, com a solução pacífica das controvérsias, promulgamos, sob a proteção de Deus, a seguinte Constituição da República Federativa do Brasil" — sem grifos no original.
(33) No sentido de acrescentar o estudo, oportuno mencionar o julgamento da ADI n. 2.076/AC pelo STF em 15 de agosto de 2002 onde há o reconhecimento de que o preâmbulo constitucional proclama e exorta os princípios inscritos na Carta Constitucional mas declarou a ausência de relevância jurídica.

aí, função pragmática, porque, com o objetivo de 'assegurar', tem o efeito imediato de prescrever ao Estado uma ação em favor da efetiva realização dos ditos valores em direção (função diretiva) de destinatários das normas constitucionais que dão a esses valores conteúdo específico."[34]

A normatividade jurídica do preâmbulo encontra-se expressa no artigo 3º do mesmo texto constitucional que fixa como objetivos fundamentais da República brasileira a elevação do nível econômico-social dos brasileiros a tal ponto que se erradique a pobreza e a marginalização bem como se reduza as desigualdades sociais e regionais, como já dito no capítulo anterior.

Utilizando-se do mesmo critério hermenêutico, pode-se afirmar também que o art. 193 da Carta Constitucional[35] transparece a preocupação do legislador constituinte em buscar a igualdade de oportunidades e a possibilidade de humanização das relações sociais com a imposição de políticas públicas que amenizem os efeitos das necessidades sociais que os indivíduos podem sofrer.

Ou seja, muito embora a Constituição Federal não apresente, expressamente, o conceito de Justiça Social, tal âmago jurídico pode ser encontrado a partir da combinação do bem-estar social, da valorização do trabalho humano, da justiça social e, principalmente, no já estudado principio da dignidade da pessoa humana.

Rizzato Nunes (2007:52) ensina que:

> *"a dignidade humana é o valor preenchido* a priori, *isto é, todo ser humano tem dignidade só pelo fato de ser pessoa* e ainda acrescenta que *a dignidade é a primeira garantia das pessoas e a última instância de guarida dos direitos fundamentais."*

Por fim, Ingo Wolfgang Sarlet (2006:60) arremata que:

> *"a qualidade intrínseca e distintiva reconhecida em cada ser humano que o faz merecedor do mesmo respeito e consideração por parte do Estado e da comunidade, implicando, neste sentido, um complexo de deveres e direitos fundamentais que assegurem a pessoa tanto contra todo e qualquer ato de cunho degradante e desumano, como venham a **garantir condições existenciais mínimas de uma vida saudável**, além de propiciar e promover sua participação ativa e corresponsável nos destinos da própria existência e da vida em comunhão com os demais seres humanos."* (sem grifos no original)

---

(34) SILVA, José Afonso da. *Comentário contextual à constituição*. São Paulo: Malheiros, 2006. p. 22.
(35) "Título VIII — Da Ordem Social; Capítulo I — Disposição Geral. Art. 193. *A ordem social tem como base o primado do trabalho e como objetivo o bem-estar e a justiça sociais.*"

A dignidade surge, então, como um requisito ético *em favor* da pessoa humana. Isto é, o homem já nasce portador de dignidade e já se sobrepõe aos interesses do Estado. O que faz dos direitos humanos serem universais não é uma ideologia ou postulados metafísicos da natureza humana, mas sim a sua vinculação à garantia de que o Estado deve garantir à todos os seus cidadãos condições mínimas de existência (saúde, educação, lazer, proteção em situações de infortúnio, assistência social) em homenagem ao princípio da dignidade da pessoa humana.

Com base nos elementos acima estudados, conclui-se que a Justiça Social conceitua-se como a existência de uma sociedade criada de forma a assegurar e proporcionar **a)** igualdade entre todos os indivíduos no que se refere à dignidade, liberdade e oportunidades; **b)** redução das desigualdades econômicas, sociais e culturais existentes dentre os membros daquela sociedade, com o objetivo de se atingir a justiça social e **c)** a prerrogativa da Sociedade em exigir do Estado a garantia, contínua e simultânea, de proteção frente às necessidades e situações de infortúnio.

1.1.6.1. UNIVERSIDADE DA COBERTURA E DO ATENDIMENTO

Conforme citado, o art. 194, parágrafo único, da CF/88, prescreve os objetivos a serem alcançados pela seguridade social e, por conseguinte, pela Assistência Social e, dentre eles, está a *universalidade* da cobertura e do atendimento.

O primeiro país a introduzir o princípio da universalidade em seu sistema de seguridade social foi à Nova Zelândia, em 1938. A partir desta data, este princípio passou a ser considerado um elemento essencial para um programa completo de seguridade social, consolidando-se (na assistência médica) por meio de recomendação da OIT — Organização Internacional do Trabalho, em 1944.

Para o mestre Wagner Balera, o princípio da universalidade está em congruência com o da igualdade, previsto no art. 5º da CF/88. Diz ele: *"a universalidade da proteção tornará a seguridade social habilitada a igualar todas as pessoas que residam no território nacional"*[36].

O princípio da universalidade atua de duas maneiras distintas, uma implementando as prestações; outra, identificando os sujeitos que poderão figurar no polo ativo da relação jurídica protetiva. Sobre o assunto, o ilustre mestre Balera nos ensina que:

---

(36) BALERA, Wagner. *Sistema de seguridade social*. 5. ed. São Paulo: LTr, 2009. p. 18.

"A universalidade de 'cobertura' refere-se às situações da vida que serão protegidas. Quais sejam: todas e quaisquer contingências que possam gerar necessidades. Já a universalidade do 'atendimento' diz respeito aos titulares do direito à proteção social. Todas as pessoas possuem tal direito."[37]

A primeira atuação recebe o nome de universalidade objetiva e a segunda de universalidade subjetiva.

O critério utilizado pelo princípio da universalidade para os fins de inclusão subjetiva no sistema de seguridade social é a natureza humana. Todo ser humano, presente no território nacional, deve ser protegido das inseguranças da vida. Contudo, no sistema previdenciário brasileiro, o referido princípio não vem sozinho; outros dispositivos autorizam o financiamento do sistema de previdência social por outras fontes além do Estado, incluindo também os trabalhadores e os empresários. Isso confere à universalidade previdenciária brasileira um campo subjetivo de atuação mais estreito. O regime geral de previdência social prevê vinculação obrigatória e automática somente para trabalhadores — excluída a hipótese do art. 12 da Lei n. 8.213/91 e incluída a vinculação facultativa.

Então a regra do regime geral protetivo é que os trabalhadores, no Brasil, são obrigatoriamente a ele vinculados (art. 201, *caput*, da CF/88).

O subprincípio constitucional especial da universalidade da cobertura previdenciária, aliado à obrigatoriedade e automaticidade da vinculação, impõe o reconhecimento de que o regime geral de previdência social atinge todos os trabalhadores, ressalvados aqueles expressamente excluídos pela lei.

Ao figurar numa das hipóteses previstas no art. 11 da Lei de Benefícios, o trabalhador estará filiado ao sistema, uma vez que tal filiação advém da lei. Apesar de que no momento da proteção observar-se-á a questão da contribuição, este é um problema distinto da vinculação. São relações jurídicas distintas a de vinculação, a de custeio e a de proteção.

1.1.6.2. Uniformidade nas prestações beneficiárias

O art. 194, II, CF/88 assegurou aos trabalhadores rurais, que até o momento eram amparados pelo sistema instituído sob a sigla FUNRURAL, a sua inclusão no elenco dos segurados do Regime Geral da Previdência Social, em igualdade de condições com os que laboram em área urbana.

---

(37) BALERA, Wagner. *Sistema de seguridade social*. 5. ed. São Paulo: LTr, 2009. p. 19.

1.1.6.3. A AQUISIÇÃO DO DIREITO À PRESTAÇÃO PREVIDENCIÁRIA

Dentre as relações jurídicas assistenciais existentes, trataremos, neste ponto, de alguns aspectos ligados as relações jurídicas de vinculação e de proteção previdenciárias.

Cada uma dessas relações comportará vários ângulos de observação. Sob o ângulo pessoal, o art. 11 da Lei n. 8.213/91 prescreve como segurados obrigatórios da Previdência Social: os empregados (I), os domésticos (II), os contribuintes individuais (V), o trabalhador avulso (VI) e o segurado especial (VII). Esta norma jurídica, deonticamente traduzida no modo obrigatório, incide sobre o fato jurídico descrito em cada uma das hipóteses presentes nos incisos citados e faz nascer uma relação jurídica de vinculação entre o que passa a ser o beneficiário (segurado ou dependente, mediato ou imediato) e o Instituto Nacional de Seguridade Social.

A configuração da relação jurídica de emprego (estar empregado), por exemplo, é o ângulo material suficiente para fazer incidir a norma prevista no art. 11, I, da Lei n. 8.213/91. Isso significa que o momento da configuração da relação de emprego também será o ângulo temporal da relação jurídica previdenciária de vinculação. Tal relação, originada da incidência de uma norma modalizada imperativamente, terá como sujeito ativo a entidade seguradora e como sujeito passivo a pessoa física descrita no art. 11 da Lei de Benefícios. Este é o ângulo pessoal da relação jurídica vinculada.

Apesar de reguladas por normas distintas, no mesmo momento que surge a relação jurídica de vinculação nasce também uma relação jurídica de custeio ou contribuição, onde os polos da relação inicial não se mantêm. Nesta relação, o empregador ocupa a posição jurídica de contribuinte obrigatório (sujeito passivo) e o Instituto Nacional do Seguro Social a posição de credor da prestação obrigacional (sujeito ativo). Na verdade, o empregador passa a ser sujeito passivo de duas relações jurídicas distintas, uma fundamentada pelo art. 195, I, *a, b e c* e outra no art. 195, II, da CF, haja visto, se ter a obrigação legal de descontar o valor da contribuição do salário do trabalhador e entregá-lo aos cofres do ente segurador.

Além das duas relações jurídicas, já descritas superficialmente acima, o subsistema previdenciário regula uma terceira relação jurídica: a de proteção ou de amparo, ou seja, no campo da proteção social, as prestações referidas aos riscos se tornam devidas desde que, previsto em lei um desses riscos, como elemento material da hipótese de incidência da lei, no instante e no local pressuposto, no mundo fático essa hipótese veio a se materializar, criando um estado de necessidade para o trabalhador.

Sob o ângulo pessoal, neste liame o sujeito ativo passa a ser o indivíduo, agora chamado de beneficiário (segurado ou dependente) e o sujeito passivo a ser o Instituto Nacional do Seguro Social (INSS).

O breve relato acima quer demonstrar que todo trabalhador, cuja função esteja descrita no art. 11, I, da Lei de Benefícios, está vinculado ao sistema geral previdenciário assim que se encontrar na situação prevista no citado dispositivo legal, pois à vinculação ao regime geral da previdência social (art. 11) é obrigatório e automático, independentemente da vontade do sujeito passivo da relação jurídica de vinculação.

Após vinculação, o empregado é titular do direito às prestações. Todavia, para auferi-las depende do preenchimento das condições legalmente exigidas para o seu deferimento. Uma das condições é que o seu empregador tenha retido de seu salário a quantia necessária e promovido a entrega da mesma ao sistema.

Como o preenchimento do requisito *contribuição* deverá existir, para que incida a norma jurídica protetiva, o órgão segurador deverá ser diligente quanto a sua função fiscalizadora, uma vez que o empregado não pode ser penalizado em razão da má gestão da entidade seguradora em reter para si os créditos previdenciários que lhes são devidos pelos empregadores. Caracterizada a relação de emprego, a norma jurídica previdenciária de vinculação incide e o liame criado torna-se fato jurídico suficiente para incidir a norma previdenciária de custeio, fazendo nascer outra relação, cujo resultado para o ente segurador é de crédito. Como o responsável (sujeito passivo) pelo lançamento e pagamento do tributo é o empregador, o sujeito ativo (empregado) de uma terceira relação jurídica, a de proteção, não pode ser sancionada pelo inadimplemento da obrigação anterior.

Dessa forma, caso não seja admitido o pagamento das contribuições previdenciárias devidas, caberá ao órgão segurador, na condição de sujeito ativo da obrigação previdenciária de custeio, implementar as ações administrativas necessárias a reter para si o crédito que lhe é devido pelo empregador.

Ressaltamos a lição escorreita de Helder Martinez Dal Col:

> "Interpretar sem estar atento a essas regras básicas significa macular o consagrado postulado fundamental da **segurança jurídica**, esteio do ordenamento jurídico, orientador da Carta Constitucional."[38] (grifo do autor).

---

(38) DAL COL, Helder Martinez. Cassação da liminar em mandado de segurança em matéria fiscal e o sobre princípio da segurança jurídica. *Repertório de Jurisprudência IOB*, n. 20, p. 516, 2000.

1.1.7. As prestações assistenciais como garantia do reconhecimento da dignidade da pessoa humana

Como direito social de cunho assistencial (direitos as prestações fáticas e jurídicas), a previdência social encontra-se a serviço da igualdade e da liberdade material e objetiva à proteção do beneficiário contra as necessidades de ordem material e à garantia de uma existência com dignidade, conforme os ensinamentos do Professor Ingo Sarlet.

O âmbito subjetivo de atuação do regime geral da previdência social encontra-se delimitado nos arts. 11, 12 e 13 da Lei n. 8.213/91. Aliado estes dispositivos ao art. 194, parágrafo único, I, da CF/88, concluímos que a universalidade refere-se obrigatoriamente a todos aqueles que estiverem nas situações descritas no art. 11, excluídas as situações decorrentes do art. 13 da Lei de Benefícios.

Delimitado o âmbito subjetivo do regime geral, com base na imposição legal de vinculação obrigatória, interessa-nos identificar a finalidade do direito à previdência social, mormente na questão dos benefícios em dinheiro, na medida em que funciona como um instrumento de viabilização do direito fundamental que reconhece e preserva a vida, densificando o princípio constitucional da dignidade da pessoa humana, estrutura do ordenamento jurídico brasileiro.

Segundo o art. 1º da Lei de Benefícios, a finalidade da Previdência Social, no Brasil, é assegurar ao beneficiário os meios indispensáveis à sua *manutenção*, quando este estiver em situação de incapacidade, de desemprego involuntário ou em idade avançada; já tiver cumprido o tempo de serviço fixado em lei ou tiver sofrido acréscimos em seus encargos familiares. Também assegurar a *manutenção* da família do segurado quando este tiver sofrido pena de prisão ou no caso de sua morte (Lei n. 8.213/91, art. 1º).

Elencadas as prestações em dinheiro a que está obrigado o regime geral de previdência social para fins de manter o segurado e suas famílias nas situações que especifica (art. 18 da Lei n. 8.213/91, acima citado), cumpre-nos a tentativa de determinar o conteúdo da expressão, *meios indispensáveis de manutenção*, prevista no citado art. 1º da referida Lei.

Parece razoável o entendimento de que a expressão em tela significa: *condições mínimas de vida*. A direção consta do art. 7º, IV, da Constituição de 1988, quando, versando sobre o valor do salário mínimo, exemplificativamente dispõe o que vêm a serem as necessidades vitais básicas do ser humano: moradia, alimentação, educação, saúde, lazer, vestuário, higiene, transporte.

Complementa tal entendimento o art. 201, § 2º, da Constituição Federal, quando dispõe: "*nenhum benefício que substitua o salário de contribuição ou rendimento do trabalho do segurado terá valor mensal inferior ao salário mínimo*".

Dessa forma, o mínimo vital que deverá ser garantido pelo valor das prestações prescritas no art. 18, concedido pelo regime geral de previdência social brasileiro é: moradia, alimentação, educação, saúde, lazer, vestuário, higiene, transporte. Esta é a medida mínima para a prevenção da dignidade do beneficiário (segurados e dependentes). Este mínimo vital, previsto no art. 7º, IV, contribui para a densificação, a fixação semântica mínima do art. 1º, III, da Carta Maior, para fins de previdência social.

Tratando da proteção previdenciária, Pulino considera:

> "As prestações dessa área da seguridade social terão por finalidade garantir condições básicas de vida, de subsistência, para seus participantes, de acordo, justamente, com o padrão econômico de cada um dos sujeitos."[39]

Concordamos com o autor, mas ressalvamos, independentemente do padrão econômico de cada um dos sujeitos, o mínimo elencado no art. 7º, IV, da CF/88 deverá ser preservado.

> "O conteúdo da noção de dignidade da pessoa humana, na sua condição de conceito jurídico-normativo, a exemplo de tantos outros conceitos de contornos vagos e abertos, reclama uma constante concretização e delimitação pela práxis constitucional."[40]

Naturalmente, a concessão de uma prestação previdenciária garantidora de moradia, de alimentação, de educação, de saúde, de lazer, de vestuário, de higiene e de transporte não delimita plenamente o conteúdo semântico da expressão *dignidade da pessoa humana*, mesmo no campo previdenciário, uma vez que inúmeros outros artigos constitucionais previdenciários e de outros subsistemas também contribuem para determinação de seu conteúdo. A tentativa é apenas de se vislumbrar, por meio dos elementos constantes no art. 7º, IV, da CF/88, a suficiência do valor a ser vinculado à prestação previdenciária. O montante financeiro desta deverá ser de tal forma, que possa manter a qualidade de vida do beneficiário, traduzida na forma de garantia de moradia, de alimentação, de educação, de saúde, de lazer, de vestuário, de higiene e de transporte. Esta será a garantia mínima de manutenção da vida.

É importante repisar: o direito à prestação previdenciária traz consigo uma necessária mensuração do valor do benefício, de modo que este cumpra as necessidades retrotranscritas, inclusive no que se refere a gastos com saúde, nada obstante o sistema de saúde específico incluído no objetivo da seguridade

---

(39) PULINO, Daniel. *A aposentadoria por invalidez no direito positivo brasileiro*. São Paulo: LTr, 2001. p. 45.
(40) SARLET, Ingo Wolfgang. *Dignidade da pessoa humana e direitos fundamentais na Constituição Federal de 1988*. Porto Alegre: Livraria do Advogado, 2001.p. 40.

social e paralelo ao sistema de previdência social. Assim entendemos porque, se o salário mínimo deverá ser suficiente para suprir a necessidade de saúde e o valor do benefício previdenciário não poderá ser inferior a este salário, o benefício também deverá ser suficiente para suprir os problemas de saúde do trabalhador, sem que ele precise utilizar-se do sistema público de saúde, principalmente porque para o usufruto deste serviço não é necessário que se vertam quaisquer contribuições para este sistema.

O direito à manutenção da vida, exercido com qualidade, preserva a dignidade da pessoa humana. Uma das formas de instrumentalização e garantia deste direito básico é o exercício do direito às prestações da Previdência Social. *"Vale lembrar que a dignidade evidentemente não existe apenas onde é reconhecida pelo Direito e na medida que este a reconhece, já que constitui dado prévio"*,[41] mas não se pode esquecer, todavia, que o Direito poderá exercer papel crucial na sua proteção e promoção.

> "O princípio da dignidade da pessoa humana impõe ao Estado, além do dever de respeito e proteção, a obrigação de promover as condições que viabilizem e removam toda sorte de obstáculos que estejam a impedir as pessoas de viver com dignidade."[42]

---

(41) SARLET, Ingo Wolfgang. *Dignidade da pessoa humana e direitos fundamentais na Constituição Federal de 1988*. Porto Alegre: Livraria do Advogado, 2001. p. 41.
(42) *Ibidem*, p. 109.

2

DA NORMA JURÍDICA

2.1. A NORMA JURÍDICA

2.1.1. A INTERPRETAÇÃO DAS NORMAS JURÍDICAS

A interpretação, no entendimento clássico de Savigny, é a reconstrução do conteúdo da lei, sua elucidação, de modo a operar-se uma restituição de sentido ao texto viciado ou obscuro.

Trata-se logicamente de operação lógica, de caráter técnico mediante a qual se investiga o significado exato de uma norma jurídica, nem sempre clara e precisa.

Busca a interpretação portanto estabelecer o sentido objetivamente válido de uma regra do direito. Questiona a lei, não o direito. Objeto da interpretação é, de modo genérico, a norma jurídica contida em lei, regulamentos ou costumes. Não há norma jurídica que dispense interpretação. Por onde se conclui improcedente o aforismo romano *in claris non fit interpretatio*.[43]

Em verdade a interpretação mostra o direito vivendo plenamente a fase concreta e integrativa, objetivando-se na realidade.

O tratamento didático da interpretação costuma distingui-la quanto as fontes, sujeitos ou agentes de onde procede, quanto aos meios que emprega e, finalmente quanto aos resultados que alcança.

---

(43) BONAVIDES, Paulo. *Curso de direito constitucional*. São Paulo: Malheiros, 2013. p. 398.

Nas palavras do mestre Rizzato Nunes[44] acrescenta que quem interpreta busca captar do objeto de interpretação sua essência e colocá-la de forma traduzida como um novo plano de entendimento. Afirma o mestre, interpretar é extrair do objeto tudo aquilo que ele tem de essencial.

Quando se fala em interpretar a norma jurídica, vale a mesma afirmação de "fixação do sentido" e de ser acrescida a "fixação do alcance" da norma jurídica, isto é, quando o objeto de interpretação é a norma jurídica, é preciso, além do sentido, fixar o seu alcance, de modo que deixe patente a que situações ou pessoas a norma jurídica interpretada se aplica.

É um princípio desprovido de sentido e que só põe explicar retornando ao período de sua enunciação no qual, por uma inveterada servidão ao conteúdo literal da norma, se deixava de estender a indagação a um horizonte mais vasto e verdadeiramente compreensivo da própria norma.

2.1.2. A CLASSIFICAÇÃO QUANTO ÀS FONTES

Nas palavras de Paulo Bonavides[45] no tocante às fontes ou agentes, há as seguintes espécies de interpretação: autêntica (do legislador), judiciária (do juiz) e doutrinária (do jurista).

A interpretação autêntica é aquela ministrada pelo legislador mesmo; o órgão legislativo elabora uma segunda norma com o propósito de esclarecer especificamente o significado e o alcance da norma antecedente, havida por obscura ou ambígua.

É forma rara de interpretação. Alguns Juristas como Savigny, se recusam a admiti-la. Entendem ordinariamente que a lei interpretativa representa uma nova lei, de todos os pontos, distinta daquela preexistente, não havendo portanto como falar nesse caso de interpretação.

Há, todavia, os que discrepam desse ponto de vista, com asseverar que a lei de interpretação não cria um novo direito, mas elucida o direito já contido na proposição anterior. Argumentam do mesmo passo que os efeitos da lei interpretativa se manifestam *ex tunc* e não *ex nunc*, a saber, desde a vigência da velha lei e não a partir do ato interpretativo, como ocorreria se este configurasse realmente uma nova lei.

O efeito retroativo, pois, que se reconhece à interpretação não é a lei interpretativa, mas da lei interpretada, da lei velha, que, autenticamente in-

---

(44) RIZZATTO NUNES, Luiz Antonio. *Manual de introdução ao estudo do direito*. 4. ed. São Paulo: Saraiva, 2002. p. 223.
(45) BONAVIDES, Paulo. *Curso de direito constitucional*. São Paulo: Malheiros, 2013. p. 399.

terpretada, no seu preciso significado, vem a desenvolver toda a sua eficácia como se houvesse sido interpretada justamente ao cabo do dia em que entrou em vigor.

A lei interpretativa retroage aos casos ainda pendentes. Não abrange, todavia, aqueles já decididos por sentenças em sentido contrário, antes que a lei interpretativa retroage aos casos ainda pendentes. Não abrange, todavia aqueles decididos por sentenças em sentido contrário, antes que a lei de interpretação se tornasse obrigatória, e já passada em julgado.

A interpretação autêntica vincula, enfim, os juízes, sendo de eficácia imperativa *erga omnes*. Há juristas que entendem que a lei interpretativa também está sujeita a interpretação, o que constitui um círculo manifestamente vicioso.

A interpretação judiciária ou jurisprudencial procede dos juízes e tribunais, do *usus fori*, das sentenças e arestos que aplicam a norma jurídica aos casos concretos, sendo tanto mais importante quanto mais alta for a competência da instância onde emana.

A interpretação doutrinária é aquela que deriva da doutrina, dos doutores, dos mestres e teoristas do direito, dos que, mediante obras, pareceres estudos e ensaios jurídicos intentam precisar, a uma nova luz, o conteúdo e os fins da norma, ou abrir-lhe caminhos de aplicação a situações inéditas ou de todo imprevistas. A autoridade dessa interpretação depende naturalmente do grau de reputação intelectual e da força lógica dos argumentos expendidos pelos seus autores, podendo, alias desempenhar indiretamente um relevantíssimo papel na complementação das sobreditas formas interpretativas.

2.2. A Constituição Federal

2.2.1. Conceito

O insigne jurisconsulto Celso Ribeiro Bastos[46] afirma que oferecer um conceito à Constituição não é das tarefas mais fáceis de serem cumpridas, em razão de este termo ser equívoco, é dizer, prestar-se a mais de um sentido. Isto significa que há diversos ângulos pelos quais a Constituição pode ser encarada, conforme seja a postura em que se coloque o sujeito, o objeto ganha outra dimensão. Seria um poliedro que fosse examinado a partir de ângulos diferentes. Para cada posição na qual o observador se deslocasse, facetas diferentes dessa figura geométrica seriam vistas, não lhe sendo possível examiná-la toda de uma só vez.

---

(46) BASTOS, Celso Ribeiro. *Curso de direito constitucional*. São Paulo: Celso Bastos, 2002. p. 41.

Exatamente assim ocorre com a Constituição. Não se pode dar um conceito único, pois ela varia conforme a ótica a partir da qual se vai visualizá-la.

Muito proveitoso é o conceito pelo Mestre Michel Temer[47] no momento em que traz na obra de sua autoria o conceito Jurídico de Constituição, que examinou o sentido do vocábulo "Constituição" e afirma que em significado comum todas as coisas têm uma dada estrutura, um corpo, uma dada conformação, e exemplifica que ao examinar uma poltrona e descrever a sua estrutura, o seu ser. Ao fazê-lo, indicaremos peças componentes daquela cadeira que, somadas, perfizeram a unidade.

Em sentido mais restrito, Constituição significa o "corpo", "a estrutura" de um ser que se convencionou denominar ESTADO. Por ser nela que podemos localizar as partes componentes do Estado, e afirma o mestre que... "somente pelo seu exame é que conheceremos o Estado".

"A Constituição é a particular maneira de ser do Estado", no dizer de Celso Bastos.[48]

2.2.2. A CONSTITUIÇÃO NO SENTIDO JURÍDICO

É Hans Kelsen quem nos demonstra, sob esse foco, o que é Constituição. Ao fazê-lo evidencia o que é o Direito. Ressalta a diferença entre o Direito e as demais ciências, sejam naturais, sejam as sociais. Enfatiza que o jurista não precisa socorrer-se da Sociologia ou da Política para sustentar a Constituição. A sua sustentação encontra-se no plano jurídico.

O cientista do direito busca soluções no próprio sistema normativo. Daí o por que de se buscar suporte para à Constituição num plano puramente jurídico.

Para uma explicação singela da teoria kelseniana é preciso fazer distinção entre o mundo do ser e o do dever-ser. O mundo do ser é o das leis naturais. Decorrem da natureza. De nada vale a vontade do homem na tentativa de modificá-las mediante a formulação de leis racionais. No mundo da natureza as coisas se passam mecanicamente. A um antecedente liga-se indispensavelmente dado consequente. Um corpo no espaço (antecedente) cai (consequente). Se chover (antecedente), a terra ficará molhada (consequente).

No mundo do dever-ser as coisas se passam segundo a vontade racional do homem. É este que, a dado antecedente, liga determinado consequente.

---

(47) TEMER, Michel. *Elementos de direito constitucional*. 24. ed. São Paulo: Malheiros, 2012. p. 15.
(48) BASTOS, Celso Ribeiro. *Curso de direito constitucional*. São Paulo: Celso Bastos, 2002. p. 42.

As ciências sociais pertencem a esse mundo do dever-ser. A Moral, a Ética, o Direito, dela fazem parte.

2.2.3. Características do direito

Fazendo uma distinção do Direito das demais ciências o que o pecular iza, é que no Direito verifica-se uma estrutura escalonada de normas que a final, perfazem a unidade. No Direito, uma norma indica a forma de produção de outra norma, bem como o seu conteúdo. Daí o escalonamento normativo em que uma norma constitui o fundamento de validade da outra.

Cada comando normativo encontra respaldo naquele que lhe é superior. Se falhar essa verticalidade fundamentadora, deve-se insurgir contra essa que desobedeceu.

Assim no dizer do Mestre Michel Temer, as Ordens de Serviços, Portarias, Resoluções, Decretos e Leis se reduzem a poucos artigos da Constituição, uma vez que *"cada comando normativo encontra respaldo naquele que lhe é superior"*[49].

Hans Kelsen sustenta a existência no Direito, de dois planos distintos; o jurídico-positivo e o lógico-jurídico. Aquele corporificado pelas normas postas, positivadas. O outro (lógico-jurídico) situa-se em nível de suposto, do hipotético. Umas são normas postas; outras são supostas.

Com isso, ao fazer o percurso da verticalidade fundamentadora das normas, abica-se na Constituição. Este é o fundamento da validade de todo o sistema normativo infraconstitucional.

Logo, é de se ressaltar que o fundamento da Constituição vem a ser tudo o que é posto pelo Poder Constituinte.

2.2.4. A interpretação das normas constitucionais

No entender do Mestre Luiz Antonio Rizzatto Nunes,[50] na interpretação do sistema jurídico, qualquer norma jurídica infraconstitucional deve iniciar, portanto, da norma máxima, daquela que irá iluminar todo o sistema normativo. A análise e o raciocínio do intérprete se dão assim. Dedutiva-

---

(49) TEMER, Michel. *Elementos de direito constitucional*. 24. ed. São Paulo: Malheiros, 2012. p. 20.
(50) RIZZATTO NUNES, Luiz Antonio. *Manual de introdução ao estudo do direito*. 4. ed. São Paulo: Saraiva, 2002. p. 5.

mente, de cima para baixo. A partir disso o intérprete poderá ir verificando a adequação e a constitucionalidade das normas infraconstitucionais que pretende estudar.

A inconstitucionalidade ele resolverá, como o próprio nome diz, apontando o vício fatal na norma infraconstitucional. A adequação será norteadora para o esclarecimento, ampliação e delimitação do texto escrito da norma infraconstitucional, bem como para apresentação precisa de seus próprios princípios. É a Constituição Federal, repita-se o órgão diretor.

É um grave erro interpretativo, como ainda se faz, iniciar a análise dos textos a partir da norma infraconstitucional, escalando até o topo normativo e principiológico magno. Ainda que a norma infraconstitucional em análise seja bastante antiga, aceita e praticada, e mesmo diante do fato de que o texto constitucional seja muito novo, não se inicia de baixo. Em primeiro lugar vem o texto Constitucional.

2.2.5. Aplicabilidade da norma constitucional

Todas as normas constitucionais são dotadas de eficácia. Algumas de eficácia jurídica e eficácia social, outras apenas de eficácia jurídica.

A eficácia Social se verifica na hipótese da norma vigente, isto é, com potencialidade para regular determinadas relações, ser efetivamente aplicadas ao caso concreto.

A eficácia jurídica por sua vez, significa que a norma está apta a produzir efeitos na ocorrência de relações concretas; mas já produz efeitos jurídicos, na medida em que a sua simples edição resulta na revogação de todas as normas anteriores que com ela conflitam. Embora não aplicada a casos concretos, é aplicável juridicamente no sentido negativo antes apontado. Significa dizer que retira a eficácia da normatividade anterior. É eficaz juridicamente, embora não tenha sido aplicada concretamente.

No entender de José Afonso da Silva, monografista do tema salienta que aplicabilidade é "a qualidade daquilo que é aplicável"[51].

São aplicáveis, segundo esse dizer, todas as normas constitucionais, pois todas são dotadas de eficácia jurídica.

É de grande valia neste momento tratar das normas constitucionais quanto a sua eficácia.

---

(51) SILVA, José Afonso. *Aplicabilidade das normas constitucionais.* 8. ed. São Paulo: Saraiva, 2012. p. 59.

Tem-se por norma constitucional de eficácia plena, aquelas de aplicabilidade imediata, direta, integral, independendo de legislação posterior para a sua inteira operatividade. Dessa seara pode-se citar o art. 1º da Carta Constitucional:

> "A República Federativa do Brasil, formada pela União indissolúvel dos Estados e Municípios e do Distrito Federal, constitui-se em Estado Democrático do Direito e tem como fundamentos: (...)."

Como se vê, são normas bastantes em si, que não necessitam da intermediação do legislador infraconstitucional.

Enquanto que as normas de eficácia contida são as que têm aplicabilidade imediata, integral, plena, mas que podem ter reduzido seu alcance pela atividade do legislador infraconstitucional. Por isso mesmo, aliás, preferimos denominá-las de normas constitucionais de eficácia redutível ou restringível. Como exemplo podemos constatar no preceito do art. 5º, XIII: "*É livre o exercício de qualquer trabalho, ofício ou profissão, atendidas as qualificações profissionais que a lei estabelecer*".

O dispositivo é de aplicabilidade plena, mas a sua eficácia pode ser reduzida, restringida, nos casos e na forma que a lei estabelecer. Enquanto não sobrevém a legislação restritiva, o princípio do livre exercício profissional é pleno.

No tocante às normas constitucionais de eficácia limitada são as que dependem da emissão de uma normatividade futura, em que o legislador ordinário, integrando-lhes a eficácia, mediante lei ordinária, lhes dê capacidade de execução em termos de regulamentação daqueles interesses visados.

Há também as normas de princípio institutivo e normas de princípio programático. Ambas de eficácia limitada. As primeiras são as que dependem de lei para dar corpo a instituições, pessoas, órgãos, previstos na norma constitucional. Desse teor é a prescrição do art. 18, § 3º, da Carta Magna:

> "*Os Estados podem incorporar-se entre si, subdividir-se ou desmembrar-se para se anexarem à outros, ou formarem novos Estados ou Territórios Federais, mediante aprovação da população diretamente interessada, por meio de plebiscito, e do Congresso Nacional, por lei complementar.*"[52]

As últimas (programáticas) são as que estabelecem um programa constitucional a ser desenvolvido mediante legislação integrativa da vontade do constituinte.

---

(52) *Constituição Federal da República Federativa do Brasil de 1988.*

Como vemos são normas de eficácia jurídica porque têm o efeito de impedir que o legislador comum edite normas em sentido oposto ao sentido assegurado pelo constituinte, antes mesmo da possível legislação integrativa que lhes dê plena aplicabilidade.

3

As Fontes do Direito

Nas palavras do Mestre Luiz Antonio Rizzatto Nunes[53], não precisamos sair do senso comum para entender o sentido da expressão "fonte".

E continua, "(...) *'Fonte' é a nascente da água, e especialmente é a bica donde verte água potável para o uso humano*"[54]. Logo de forma figurativa, o termo "fonte" designa a origem, a procedência.

A fonte é reveladora do que estava oculto, daquilo que ainda não havia surgido, uma vez que é exatamente o ponto de passagem do oculto ao visível.

Logo, entendemos que a "fonte do direito" é o local de origem do Direito; é a verdade, já o próprio Direito, mas saído do oculto e revelado ao mundo.

Por meio da doutrina que trata do assunto, percebe-se que já há clara influência do pensamento dogmático, pois, querendo ou não, colocam problemas da fonte como um dado a ser observado pelo estudioso, inclusive apresentando conceitos e classificações.

3.1. Fontes estatais e não estatais

Tornaria faltante não tratar dessa perspectiva, que pertence à tradição do Direito e de seu ensino, sob pena de não fazer por completo esse trabalho.

Por isso dentre os vários conceitos e classificações possíveis, vamos também apresentar captando o que há de comum na doutrina.

---

(53) RIZZATTO NUNES, Luiz Antonio. *Manual de introdução ao estudo do direito*. 4. ed. São Paulo: Saraiva, 2002. p. 71.
(54) *Idem*.

O direito positivo — as normas jurídicas escritas — fruto de ato do Estado, é para nós marco divisório importante. É nele que a dogmática jurídica e a hermenêutica contemporânea têm sua base de investigação estatal e não estatal.

Como fontes estatais temos: às leis e a jurisprudência.

Como fontes não estatais: o costume jurídico e a doutrina.

3.1.1. As fontes estatais

A legislação é o conjunto das normas jurídicas emanadas do Estado, por meio de seus vários órgãos, dentre os quais realça-se, com relevo, nesse tema, o Poder Legislativo.

De fato a terminologia adequada a ser utilizada é a que dispõe o gênero como norma jurídica e as espécies como: norma jurídica escrita e norma jurídica não escrita, sendo que à Constituição, à lei complementar, à lei ordinária, à medida provisória etc. são espécies de norma jurídica escrita, e o costume jurídico é o caso da norma jurídica não escrita, como na Inglaterra, onde à Constituição Federal não é escrita.

A estrutura do ordenamento jurídico organizado é hierárquico. Por hierarquia legal, entende-se que umas normas são superiores a outras, isto é, algumas normas para serem válidas têm de respeitar o conteúdo, formal e material, da norma jurídica superior.

Assim se diz que uma lei ordinária é inconstitucional, quando contraria à Constituição Federal, que um Decreto regulamentar é ilegal, quando contraria a lei que lhe é superior, e também porque contraria a hierarquia.

Essa estrutura hierárquica, por meio da qual as normas jurídicas legisladas se inter-relacionam, umas se sobrepondo a outras, faz nascer aquilo que se chama "estrutura piramidal".

Desse modo, no ápice do sistema "piramidal" está a Constituição Federal.

A Constituição Federal espalha no sistema toda a sua influência. É chamado de princípio da Constitucionalidade, que abriga todas as outras normas de hierarquia inferior, e seus fundamentos, sob pena de se tornarem inconstitucionais e deixarem de pertencer ao ordenamento jurídico.

A seguir, na hierarquia do sistema jurídico estão às leis complementares, às leis ordinárias, às leis delegadas, os decretos legislativos, resoluções e as medidas provisórias, todos no mesmo patamar hierárquico.

As leis complementares têm como função tratar de certas matérias que a Constituição entende que deva ser regulada por normas mais rígidas que aquelas disciplinadas por leis ordinárias e demais de mesma hierarquia. Por isso o *quorum* legislativo exigido para a sua aprovação é especial, isto é, o de **maioria absoluta**.

As Leis Complementares estão elencadas taxativamente na Carta Magna, que determina, como dissemos, que elas tratem de certas matérias importantes, como o estatuto da magistratura — Lei Complementar de iniciativa do STF; a organização e o funcionamento da Advocacia Geral da União; a regulamentação da dispensa do trabalhador contra a despedida arbitrária ou sem justa causa etc.

Logo vêm às Leis Ordinárias. São elas fruto da atividade típica e regular do Poder Legislativo, como o Código Civil Brasileiro, o Código Penal, a Lei de Custeio de Previdência Social etc...

4

A VALIDADE DAS NORMAS JURÍDICAS

A validade da norma jurídica tem sido motivo de profundas controvérsias na doutrina.

Ela tanto pode referir-se ao aspecto técnico-jurídico ou formal quanto ao aspecto de legitimidade.

No primeiro caso, fala-se de a norma jurídica ser válida quando criada segundo critérios já estabelecidos no sistema jurídico: respeito à hierarquia, que tem como ponto hierárquico superior a Constituição Federal; aprovação e promulgação pela autoridade competente; respeito a prazos e *quorum*; conteúdo de acordo com as designações de competências para legislar.

Necessário se faz abordar a questão da validade, no aspecto formal ou técnico-jurídico, situando-a nos âmbitos da vigência da norma jurídica no tempo e no espaço.

A norma jurídica válida, isto é, aprovada e promulgada segundo os ditames do sistema jurídico, vige no tempo e em certo território (no espaço).

A Constituição Federal, como marco inicial do sistema, há de ser legítima, instaurando o Estado Democrático de Direito, mas só isso não basta. A aplicação concreta de seus preceitos, o exercício dos poderes por ela outorgados, a plenitude das garantias fundamentais dos cidadãos por ela constituídos são pontos fundamentais, dentre outros, a serem também analisados.

Contudo nas palavras do Mestre Luiz Antonio Rizzatto Nunes[55] entende que a questão do poder legítimo, das normas constitucionais legítimas, do

---

(55) RIZZATTO NUNES, Luiz Antonio. *Manual de introdução ao estudo do direito.* 4. ed. São Paulo: Saraiva, 2002. p. 190.

Estado de Direito Democrático etc., tem de ser abordado em outros espaços, como o do Direito Constitucional e o da Teoria Geral do Estado, de forma que possibilite à Ciência do Direito como um todo — e nesse aspecto auxiliada e iluminada pela Filosofia do Direito — alcançar seu fundamento ético último, propiciado, também pela ampliação da consciência de seus investigadores.

4.1. A VIGÊNCIA DAS NORMAS JURÍDICAS NO TEMPO

As normas jurídicas têm "vida" própria, nascendo, existindo, alterando-se parcialmente e "morrendo".

A vigência temporal é uma qualidade da norma, relativa ao tempo de sua atuação. Está ligada a validade, mas com ela não se confunde, porque uma norma válida pode ser promulgada, porém poderá ainda não estar em vigor, conforme se verá a seguir.

A vigência implica que a norma jurídica seja obrigatória, e isso só se dá com a publicação oficial. A promulgação torna a lei existente, mas não ainda obrigatória.

Como exemplo podemos dizer que o Presidente da República pode promulgar uma lei no dia 20 de novembro de certo ano, e com isso ela se torna aprovada e existente; apesar de existir, falta-lhe, ainda, a condição da publicidade, para que se torne obrigatória aos destinatários.

Com a publicação oficial, supre-se a condição da publicidade e conclui-se o ciclo para que a norma jurídica entre em vigor.

Uma vez posta em vigor, a norma jurídica passa a viger. Portanto, ela age do presente em direção ao futuro. Mas não se deve confundir vigência com a eficácia, pois esta, como se verá no item próprio, atua tanto do presente em direção ao futuro como pode atingir o passado.

4.2. A VIGÊNCIA DAS NORMAS JURÍDICAS NO ESPAÇO

As normas jurídicas têm seu campo de abrangência limitado por um espaço territorial, ou seja, a nível nacional pelas fronteiras do Estado, o que inclui sua extensão de águas territoriais e as ilhas nelas localizadas, os aviões, os navios e as embarcações nacionais, as áreas das embaixadas e consulados etc. bem como o subsolo e a atmosfera.

Essa delimitação é conhecida como "princípio da territorialidade" das normas jurídicas.

4.3. A EFICÁCIA DAS NORMAS JURÍDICAS

Não se deve confundir eficácia com vigência, muito embora haja entre ambas certa relação. Norma jurídica é posta no presente, passando a viger no futuro.

Já a eficácia atua tanto no presente como no futuro, bem como para o passado. Isso traz à tona o problema da retroatividade das normas jurídicas.

Logo a norma é válida, quando é aprovada e promulgada segundo os ditames do sistema jurídico e que, após publicada oficialmente, passa a ter vigência.

A doutrina jurídica liga a ideia de eficácia à de aplicação concreta da norma jurídica. Eficácia é, a relação entre a ocorrência concreta, real, factual no mundo do ser e o que está prescrito pela norma jurídica (que está no mundo do dever-ser).

É necessário compreender que a ocorrência concreta não só obedece à prestação imputada pela norma jurídica (proibição, obrigação ou permissão), mas, também violação.

Havendo cumprimento da prestação, fala-se que a norma é eficaz. Porém, havendo descumprimento, ela também o será, porquanto outro aspecto da norma (outra imputação) entra em funcionamento: a sanção.

Logo, eficácia tem relação com a ocorrência concreta do prescrito pela norma jurídica no duplo aspecto da prestação e da sanção.

Todavia, há normas que, mesmo vigentes, acabam não sendo aplicadas concretamente no plano da realidade social ou o são apenas em parte.

Adentrando-se à Constituição Federal, art. 203, uma das normas programáticas, as que tratam da assistência social: **"A assistência social será prestada a quem dela necessitar, independentemente de contribuição à seguridade social, e tem por objetivos: (...)"**.

Como também fixam como dever do Estado o ensino fundamental gratuito para todos, diz o art. 208 — I: **"O dever do Estado com a Educação será efetivado mediante a garantia de: I — ensino fundamental obrigatório e gratuito, assegurada, inclusive, sua oferta gratuita para todos os que a ele não tiveram acesso na idade própria"** ou as normas que não são autoaplicáveis, porque dependem de complementação. Entendemos que se faz necessário falar em eficácia.

A doutrina costuma tratar a questão ampliando e modificando o conceito de eficácia.

Para melhor compreender esse problema, define-se então eficácia como a possibilidade de produção de efeitos concretos; e "incidência" como o caso de efeito concreto já produzido.

Com relação ao fato de certas normas não terem incidências, isto é, não possuírem concretamente aplicabilidade; identificar-se-ão como de eficácia jurídica completível, em especial porque produzem pelo menos o efeito de revogar normas anteriores. É efeito jurídico — diz-se — e não social.

Essas normas, que têm apenas eficácia jurídica — como as programáticas e as dependentes de complementação — são também classificadas como de eficácia limitada ou completáveis.

Para resumir, entendemos que a eficácia é a possibilidade de produção de efeitos; incidência é a concreta produção dos efeitos criados na realidade social; e norma de eficácia jurídica complementável é a que gera apenas efeitos no ordenamento jurídico — como revogar norma anterior — sem incidir sobre a realidade.

4.4. A RETROATIVIDADE DAS NORMAS JURÍDICAS

As normas jurídicas não poderão retroagir atingindo o direito adquirido, o ato jurídico perfeito e a coisa julgada. No Brasil a garantia é constitucional — art. 5º, inc. XXXVI: — *"a lei não prejudicará o direito adquirido, o ato jurídico perfeito e a coisa julgada"*.

Como vimos anteriormente a norma jurídica vige do presente em direção ao futuro, mas que a eficácia e especialmente a incidência concreta podem ir para o passado.

Eficácia ou incidência para o passado é o que se chama retroatividade, isto é, a possibilidade de a norma jurídica atingir situação pretérita, ter efeitos sobre o passado, um dos alicerces básicos do sistema jurídico e do Estado Democrático, que é a segurança jurídica, ruiria.

Por isso tanto a doutrina quanto a legislação não admitem que as normas jurídicas retroajam ilimitadamente. Até pode retroagir, todavia não alcançam certas garantias.

As normas jurídicas não podem retroagir atingindo o direito adquirido, o ato jurídico perfeito e a coisa julgada.

No presente estudo trataremos da **coisa julgada**, que mais a frente será abordado.

A coisa julgada ou caso julgado é a qualidade atribuída aos efeitos da decisão judicial definitiva, considerada esta a decisão de que já não cabe recurso.

Não caber mais recursos significa que já se percorreram todas as instâncias recursais possíveis dos tribunais superiores ou que já não pode mais ser apresentado recurso, porque o prazo para seu ingresso transcorreu.

Nas palavras do Mestre Luiz Antonio Rizzatto Nunes,[56] a coisa julgada é, também, um caso especial de direito adquirido. É já um caso coroado pelo exame definitivo efetuado pelo próprio órgão máximo nesse assunto, o Poder Judiciário, em relação a uma controvérsia.

Para compreendermos melhor, extrairemos um exemplo dentro do ramo do direito, os "benefícios da Previdência Social".

Em decisão inédita e unânime a 5ª Turma do Superior Tribunal de Justiça, concluiu que o portador da Síndrome de Imunodeficiência Adquirida, a AIDS, tem direito ao pagamento pelo INSS do benefício de prestação continuada o que equivale a um salário mínimo mensal ao portador de deficiência e ao idoso de 70 anos que comprovem não ter condições de manter-se a si mesmo ou por intermédio da família. A decisão negou o recurso do INSS, que tentava evitar pagar o benefício instituído pela Lei Orgânica da Assistência Social n. 8.742/93, regulamentado pelo Decreto n. 2.172/97 (que aprovou o Regulamento da Previdência Social) ao alagoano J. P. O. S. com a idade de **37 anos**.

> *"J. P. O. S. portador de HIV em estágio avançado, procurou o INSS, a fim de obter o **auxílio**, comprovando a doença e a impossibilidade de trabalhar. O Instituto discordou e alegou que a doença não se enquadra na Lei. J. P. O. S. moveu ação e a Segunda Vara Federal de Maceió, deferiu o pedido. Após ter sentença confirmada pelo TRF da 5ª. Região, o INSS recorreu ao STJ alegando que a Lei n. 8.742 exige que ocorra tanto a incapacidade laboral como para a vida independente, sendo que esta última J. P. O. S. poderia exercer segundo laudo Médico Pericial. O Relator do processo, Ministro Gilson Dipp, esclareceu que a classificação de portador de deficiência não pode obstar a concessão do Benefício Previdenciário, exigindo que a pessoa comprove ser incapacitada para ambas as coisas. 'É bastante que comprove os requisitos previstos no **caput do art. 20** (de que é portador de deficiência, sem meio de suprir a própria subsistência e sem ter que o faça) e ao inc. V do art. 203 da Constituição Federal (que a assistência social será prestada a quem dela necessitar, independentemente de contribuição à seguridade social)', afirmou." (grifou-se)*

Segundo o Ministro, se o fato de não precisar de ajuda para alimentar-se, vestir-se e fazer a higiene fosse a conceituação de vida independente, o benefício só seria devido aos deficientes paralíticos.

A lei nova não atingiria os direitos dos trabalhadores, garantidos na decisão judicial.

---

(56) RIZZATTO NUNES, Luiz Antonio. *O princípio constitucional da dignidade da pessoa humana:* doutrina e jurisprudência. 3. ed. São Paulo: Saraiva, 2010. p. 207.

5

CONTROLE DA CONSTITUCIONALIDADE DE ATOS NORMATIVOS

5.1. CONTROLE DA CONSTITUCIONALIDADE

Controlar a constitucionalidade de ato normativo significa impedir a subsistência da eficácia de norma contrária à Constituição. Também significa a conferência de eficácia plena a todos os preceitos constitucionais em face da previsão do controle da inconstitucionalidade por omissão.

Pressupõe-se, necessariamente à supremacia da Constituição; a existência de escalonamento normativo, ocupando a Constituição o ponto mais alto do sistema normativo. É nela que o legislador encontrará a forma de elaboração legislativa e o seu conteúdo. Aquele, ao inovar a ordem jurídica infraconstitucional, haverá de obedecer a forma prevista e ao conteúdo anteposto. Se um deles for agravado, abre-se espaço para o controle da constitucionalidade daquele ato normativo cujo objetivo é expedir, do sistema, o ato agravador.

Por isso, tais atos são presumidamente constitucionais até que, por meio de fórmulas previstas constitucionalmente, se obtenha a declaração de inconstitucionalidade e a retirada de eficácia daquele ato ou a concessão de eficácia plena.

Essa ideia de controle está ligada, também, a de rigidez constitucional.

Fato é que nas Constituições rígidas que se verifica a superioridade da norma magna em relação àquela produzida pelo órgão constituído. O fundamento do controle, nestas, é o de que nenhum ato normativo, que necessariamente dela decorre pode modificá-la.

Da rigidez constitucional resulta a superioridade da lei constitucional, obra do poder constituinte, sobre a lei ordinária, simples ato do poder constituído, por um poder inferior, de competência limitada pela mesma Constituição.

5.1.1. Órgãos de controle

A doutrina indica a possibilidade de controle por meio de órgãos distintos, por órgão político e por órgão jurisdicional.

O controle por órgão político assenta-se na ideia de que o órgão controlador deve ocupar posição superior no Estado e deve ser distinto do Legislativo, do Executivo e do Judiciário.

Essa concessão ganhou força na França, onde a Constituição do ano VII, por inspiração de Sieyès, criou o Senado Conservador com a finalidade de decretar a inconstitucionalidade de atos legislativos.

O controle mais conhecido e aplicado é aquele efetivado por órgão jurisdicional.

Muitos sustentam que essa atividade adquire coro eminentemente político dado que seu objetivo último é a retirada da eficácia do ato normativo.

Não nos parece que esse desempenho do judiciário não seja exclusivamente jurisdicional. Como veremos o Judiciário se cinge a declarar a inconstitucionalidade. Realiza a mesma atividade desenvolvida em outras questões posta à sua apreciação. Isto é, diz o direito aplicável a uma controvérsia em caráter definitivo.

Não há controvérsia mais séria do que o saber se o ato normativo consoa, ou não, com o texto constitucional. Nesse momento o Judiciário está "dizendo o direito" no mais expressivo dos litígios ocorrentes no Estado: o confronto entre a manifestação de um órgão constituído (atos normativos) e a manifestação anterior do poder constituinte (Constituição).

Pode inexistir interesse pessoal e mesmo material em jogo. Mas o Judiciário não tem a missão constitucional de solucionar conflitos individuais ou coletivos apenas. Tem também a de manifestar-se sobre o direito infraconstitucional que pode permanecer no sistema, porque a este não vulnera. Trata-se de interpretação de normas de apreciação do Direito a atividade decorrente da jurisdição.

A circunstância de a decisão interessar à coletividade não transmuda a função do órgão. Todas as decisões por ele proferidas interessam à comunidade, dado que visam a pacificação das relações sociais. Daí entendermos que a função de declarar a inconstitucionalidade em ato normativo pelo Supremo Tribunal Federal é jurisdicional.

5.1.2. Formas de controle da constitucionalidade

A Constituição vigente permite a identificação de controle preventivo e repressivo. O primeiro é localizável quando se pensa em controle "lato" da constitucionalidade; destina-se impedir o ingresso no sistema de normas que em seu projeto já revelam desconformidade com a Constituição.

Esse controle é exercido tanto pelo Legislativo quanto pelo Executivo. Aquele é estruturado em Comissões como decorre do art. 58 da Carta Maior.

5.2. Os meios de controle (repressivo) da inconstitucionalidade

A via de exceção tem algumas peculiaridades, pois só é exercitável à vista de caso concreto de litígio posto em juízo; outro ocorre ou pode ocorrer quando o juiz singular declarar a inconstitucionalidade de ato normativo ao solucionar o litígio entre as partes cabe dizer que não é declaração de inconstitucionalidade de lei em tese mas a exigência imposta para a solução do caso concreto certo é que a declaração. Portanto, não é o objetivo principal da lide mas incidente consequência.

Estando presentes essas características, deve-se lembrar que nessa via, a decisão judicial, na instância singular, opera seus efeitos apenas em relação às partes litigantes, nada modificando quanto as relações de terceiros.

Entretanto se a decisão chegar ao Supremo Tribunal Federal em razão de recursos, aquela Corte pode e deve remeter eventual declaração de inconstitucionalidade derivada da apreciação do caso concreto ao Senado Federal para que este suspenda a execução da lei, nos termos do art. 52 da Constituição Federal.

Deve-se dizer da via de ação. Por esse meio objetiva-se obter a invalidação da lei em tese. No debate posto na ação direta de declaração de inconstitucionalidade não há caso concreto a ser solucionado. Almeja-se expurgar do sistema ato normativo que o contrarie, independentemente de interesses pessoais ou materiais.

5.3. Conceito de ato normativo para efeito de controle

O art. 102, I, "a", alude o controle da constitucionalidade de lei e ato normativo. Por "leis" hão de entender-se todas as espécies previstas no art. 59: Emendas à Constituição, leis complementares, leis ordinárias, leis delegadas, medidas provisórias, decretos-legislativos e resoluções.

Por ato normativo, entende o Emérito Doutrinador e Mestre Michel Temer: "*os decretos do Poder Executivo, as normas regimentais dos Tribunais Federais e Estaduais e suas resoluções*"[57].

Exclui-se desse controle os prejulgados fixados pelos Tribunais.

---

(57) TEMER, Michel. *Elementos de direito constitucional.* 24. ed. São Paulo: Malheiros, 2012. p. 49.

6

DIREITO SOCIAL

6.1. EFICÁCIA DAS NORMAS CONSTITUCIONAIS SOBRE A JUSTIÇA SOCIAL

Propomo-nos neste trabalho a analisar a eficácia de certas regras constitucionais. Especialmente as regras atinentes à Justiça Social, tal como se encontram estampadas na Carta de 1988, Constituição esta considerada cidadã.

O que temos em mira, por conseguinte, não é a crítica dos preceitos existentes. Nem é a propositura de cânones desejáveis para a regência da matéria. Sem em nada contestar o interesse ou a alta valia de estudos que focalizem o tema por estes ângulos dos quais declinamos pretendemos cifrar-nos a um plano estritamente técnico-jurídico. Isto é, de compreensão e exegese da norma em vigor considerada pelo prisma de sua eficácia.

Ao lado dos deveres e compromissos com o bem-estar público que incumbem a todos os cidadãos os advogados são aliciados e colhidos ademais — e sobre tudo — por um dever específico que advém de sua formação jurídica. O dever de perquirir no sistema normativo, até a exaustão, todas as possibilidades abertas em prol do atendimento de valores socioculturais que a humanidade incorporou em seu processo civilização e que por isso, encontram-se inevitavelmente vazados nas Cartas fundamentais dos países de mundo civilizado.

Este trabalho técnico-jurídico de compreensão do Direito posto e por força dele procuramos exibir toda a potencialidade abrigada num coro de normas, o que implica revelar em que medida o regramento existente serve ou pode servir à satisfação de certos escopos, socialmente prezáveis. Além disso, este meio por muitas vezes fica desvendado e denunciado a eventuais inconstitucionalidades de políticas estatais, de atos normativos ou decretos que são expedidos descuidadamente, inobstante afrontem os vetores decorrentes da normação constitucional.

Finalmente este tipo de investigação concorre ou pode concorrer na composição e estratificação de uma consciência jurídica nacional em torno da obrigatoriedade de certos mandamentos que parecem voltados a um permanente óbvio. Muitas regras atinentes à Justiça Social correm o risco de persistirem letra morta se não forem avivadas pela prática dos Poderes Públicos e especialmente pela prática jurisprudencial. Ora, ambas são diretamente influídas pela consciência jurídica existente.

Daí a conveniência da realização e reiteração de estudos que se proponham a aclarar a força normativa de certos preceitos constitucionais que a um primeiro súbito de vista, podem parecer inócuos e despidos de força cogente. Perseverar em exibir-se à real potestade contribui para adensar a *juris communis opinio* e termina por influir em sua efetiva positividade fática. É este o meio normal cuja via sedimenta o assentimento jurídico sobre a obrigatoriedade de obediência a determinados preceitos, em nome da própria normação instaurada.

Em cada período histórico, os legisladores constituintes, em regra, incorporam nas Leis Fundamentais aquilo que no período correspondente se consagrou como a mais generosa expressão do ideário da época. Fazem-no muitas vezes, com simples propósito retórico ou porque não podem deixar de consigná-los. Mas, animados de reta intenção ou servindo-se disto como blandicioso meio de atrair sustentação política ou de esquivar-se a coisa de retrógradas, o certo é que, geralmente, às Cartas Constitucionais estampam versículos prestigiadores dos mais nobres objetivos sociais e humanitários que integram o ideário avalizado pela cultura da época.

Acresce que o paradigma em que se espelham é o dos centros culturais evoluídos. Daí a razão pela qual estes supremos documentos políticos, mesmo quando gestados de forma autoritária, impopular ou antidemocrática, exibem também, em seu bojo, preceptivos iluminados por fulgurações progressistas, humanitárias, diferentes para com a Justiça Social.

Adolph Merkel já observou que:

> "até o monarca hereditário é apresentado, por uma política e por uma ciência que tratam de justificar a monarquia com uma ideologia democrática, como um representante de seu povo."[58]

Não há o que estranhar pois que os investidos em poder constituinte pelo povo e os que se autoinvestem neste papel por e para as configurarem como representantes do povo, vejam-se na contingência de esculpir na Lei Suprema

---

(58) MERKEL, Adolph. *Teoría general del derecho administrativo*. Trad. Espanhola. Madrid: Revista de Derecho Privado, 1935. p. 441, *apud Revista de Previdência Social*, São Paulo: RPS, n. 255, p. 135, fev. 2002.

um conjunto de dispositivos que exalam tanto os direitos individuais com os direitos sociais. Ocorre que a forma mais eficiente de torná-los inoperantes na prática, deliberadamente ou não, é desenhá-los em termos vagos, genéricos, fluídos ou dependentes de normação infraconstitucional.

Este modo de regular acaba tirando com uma das mãos o que foi dado com a outra. Termina por frustrar o que se proclamou enfaticamente. Cumpre em última instância, uma função escamoteadora, tenha ou não esta intenção antes concebida. Porém, tal resultado ocorre menos porque os preceitos em causa são juridicamente débeis inoperantes de direito e muito mais por uma inadequada compreensão da força jurídica que lhes é própria. Daí a conveniência de dissipar a errônea inteligência predominante acerca da eficácia ou aplicabilidade destas disposições.

Obviamente, não se imagina que basta atrair a atenção sobre o verdadeiro teor da eficácia que lhes é inerente para solver entraves e dificuldades imbicados em outro sítio — o da realidade sociopolítica subjacente. Contudo, pretende-se que a formação de uma consciência jurídica ou sua focalização intensiva sobre a real impositividade normativa das regras constitucionais existentes, concorrem para induzir a uma aplicação mais ampla de seus comandos. Pretende-se que pode colaborar para a invalidação ou questionamento estritamente jurídico, ante os Tribunais, da constitucionalidade de leis, atos concretos ou políticos governamentais cujas orientações pelejam à arca partida com o regramento constitucional atinente à ordem econômica e social.

Em suma: acredita-se que não se pode desdenhar, na busca da Justiça Social, instrumentos que são fornecidos pela própria ordenação jurídica, isto é, que já estão consagrados no Diploma Básico. Estas são as explicações justificadoras da presente tese.

6.2. A CONSAGRAÇÃO DOS DIREITOS SOCIAIS

É sabido e assente que o constitucionalismo do século XX marca-se pela superação da perspectiva inerente ao liberalismo individualista do período clássico. As Constituições Mexicana de 1917 e a de Weimar de 1919, são os primeiros sinais expressivos de um ideário novo, de cunho social, cristalizado nas Cartas Fundamentais.

Nelas estão plasmadas as concepções de que não basta assegurar os chamados direitos individuais para alcançar-se a proteção do indivíduo. Independe considerá-lo para além de sua dimensão unitária, defendendo-o também em sua condição comunitária social, sem o que lhe faltará o necessário resguardo. Isto é, cumpre ampará-lo contra as distorções geradas pelo desequilíbrio econômico da própria sociedade, pois estas igualmente geram sujeições, opressões e esmagamento do indivíduo. Não são apenas os eventuais descomedimentos do Estado que abatem, aniquilam ou oprimem o homem. Tais ofensas resultam outrossim, da ação dos próprios membros do corpo social, pois podem prevalecer-se e prevalecem de suas condições socioeconômicas poderosas em detrimento dos economicamente mais frágeis.

A consagração dos direitos individuais corresponde ao surgimento de uma paliçada defensiva do indivíduo perante o Estado. A consagração dos direitos sociais retrata a ereção de barreiras defensivas do indivíduo perante a denominação econômica de outros indivíduos.

Enquanto os direitos individuais interditam ao Estado o amesquinhamento dos indivíduos, os direitos sociais interditam aos próprios membros do corpo social que deprimem economicamente ou que releguem ao abandono outros indivíduos menos favorecidos pela fortuna. A instituição de salário mínimo, do direito de greve, da repressão ao abuso do poder econômico e da previdência social em suas distintas expressões, é mecanismo que retraça este propósito.

Então, por força destas concepções mais modernas — o Estado ultrapassa o papel anterior de simples árbitro da paz, da ordem, da segurança para assumir o escopo mais amplo e compreensivo de buscar, ele próprio, o **bem-estar coletivo**. Não deixa, como antes, que tal resultado desponte — se despontar como simples fruto do livre jogo das forças privado atuante nas sociedades. Passa a coordená-las, engajando-as na busca desta meta havida agora como finalidade, isto é, escopo de toda a coletividade: indivíduos e Poder Público.

Embora os estados que professam a livre-iniciativa os protagonistas centrais da atividade econômica persistam sendo os particulares, hoje coadjuvados pelo Poder Público, à ação privada já não é concebida como descompromissada com os interesses do todo e de todos (vale dizer: dos vários indivíduos). Pelo contrário, a propriedade privada, a livre-iniciativa, a ação econômica dos empreendedores é calibrada para um objetivo comum. É direcionada para desideratos que transcendem os interesses puramente individuais, de sorte a exigir que se compatibilizem com os interesses sociais e, além disso, que concorram para realizá-los. Em suma: são compostos objetivos que se consideram de todos.

Na Carta Brasileira essas concepções estão ilustradas modernamente na instituição de que a ordem social tem por base o primado do trabalho e por fim realizar o bem-estar e a Justiça Social[59] (CF, art. 193).

---

(59) GONÇALES, Odonel Urbano. *Direito previdenciário para concursos*. 5. ed. São Paulo: Atlas, 2013. p. 21.

Conquanto sejam os particulares os personagens estelares do cenário econômico, não se desempenham neste entrefecho a seu inteiro talante, pois estão adstritos ao cumprimento da função social da propriedade (CF/88, art. 5º, XXIII, e art. 170, III), hão de valorizar o trabalho como condição da dignidade da pessoa (art. 1º, IV, e art. 170, VIII), tem de cingir-se à razoabilidade dos lucros, a respeitar e preservar a concorrência (art. 170, IV), sujeitam-se ao pagamento de um salário mínimo aos trabalhadores (art. 7º, IV), a acatar um período máximo de jornada de trabalho (art. 7º, XIII e XIV), a conceder férias anuais remuneradas e repouso (art. 7º, XVII), a contribuir para a previdência social (art. 195, I) a conformar-se com o direito de greve (art. 9º e 37, VII), a proporcionar ensino primário gratuito aos empregados e filhos mediante contribuição para o salário educação (art. 178).

Estes são apenas alguns tópicos, pinçados entre os principais artigos concernentes ao tema, que estão a revelar a existência de um programa constitucional que arregimenta também a livre-iniciativa, impondo, a ela e ao Estado, que navegam num mesmo caudal de esforço coletivo em prol de interesses sociais, capitulados nitidamente como sendo interesses da sociedade como um todo.

A textualidade das disposições atinentes a matéria social se faz desnecessário qualquer empenho em demonstrar que, ao nível da Lei Maior, existe manifesto comprometimento com a realização da Justiça Social. O que cumpre perquirir, então, é o teor de obrigatoriedade que resultará, para o Estado, e para com o corpo social, em suas fragmentárias personalizações, da existência deste compromisso assinalado na Carta Brasileira.

6.3. A FORÇA JURÍDICA VINCULANTE DAS CONSTITUIÇÕES

Uma Constituição desde logo define-se como um corpo de normas jurídicas. De fora para quaisquer outras qualificações, o certo é que consiste antes de mais, em um plexo de regras de Direito.

A Constituição não é simples ideário. Não é apenas uma expressão de anseios, de aspirações, de propósitos. É a transformação de um ideário, é a conversão de anseios e aspirações em regras impositivas. E comandos. Em preceitos obrigatórios para todos: órgãos do Poder e cidadãos.

Como se sabe normas jurídicas não são conselhos, opinamentos, sugestões. São determinações. O traço característico do Direito é precisamente o de ser disciplina obrigatória de condutas. Daí que, por meio das regras jurídicas não se pede, não se exorta, não se alvitra. A feição específica da prescrição jurídica é a imposição, a exigência. Mesmo quando a norma faculta uma conduta, isto é, permite — ao invés de exigi-la — há subjacente a esta permissão, um comando obrigatório e coercitivamente assegurável: o obrigatório impedimento a terceiros de obstarem o comportamento facultado à outrem e a sujeição ao poder que haja sido deferido, na medida e condições do deferimento feito.

Uma vez que a nota típica do Direito é a imposição de conduta, compreende-se que o regramento constitucional é acima de tudo, um conjunto de dispositivos que estabelecem comportamentos obrigatórios para o Estado e para os indivíduos. Assim, quando dispõe sobre a realização da Justiça Social — mesmo nas regras chamadas programáticas — está na verdade, imperativamente constituindo o Estado brasileiro no indeclinável dever jurídico de realizá-la.

Além disso, a Constituição não é um mero feixe de leis, igual a qualquer outro corpo de notas. A Constituição sabidamente é um corpo de normas qualificado pela posição altaneira, suprema, que ocupa no conjunto normativo. É a Lei das Leis. É a Lei Máxima, a qual todas as demais se subordinam e na qual todas se fundam. É a lei da mais alta hierarquia. É a lei fundante. É a fonte de todo o Direito. É a matriz última da validade de qualquer ato jurídico.

À Constituição todos devem obediência: o Legislativo, o Judiciário, e o Executivo, por todos os seus órgãos e agentes, sejam de qual escalão forem, bem como todos os membros da sociedade. Ninguém, no território nacional, escapa ao seu império. Segue-se que sujeito algum, ocupe a posição que ocupar, pode praticar ato — geral ou individual, abstrato ou concreto — em descompasso com a Constituição, sem que tal ato seja nulo e da mais grave nulidade, por implicar ofensa ao regramento de escalão máximo.

Uma norma jurídica é desobedecida quer quando se faz o que ela proíbe, quer quando não se faz o que ela determina. Sendo a Constituição um complexo de normas jurídicas — e normas de nível supremo — é inevitável concluir-se que há violação à Constituição tanto quando se faz o que ela inadmite, quando se omite fazer o que ela impõe. E se houve omissão ficará figurada uma inconstitucionalidade.

Este conjunto de proposições que vimos enunciando, parecerá um repositório de obviedades. Timbramos em proclamar estas noções curiais porque frequentemente são descuradas no exame das situações concretas. E é deste conjunto de obviedades, perfeitamente explicitado, que pretendemos partir para a análise do assunto que nos preocupa.

Todas as disposições constantes na Constituição, inclusive as programáticas são normas jurídicas ou, pelo menos, deverá partir da presunção de que o sejam. José Afonso da Silva, em seu notável estudo sobre a aplicabilidade das Normas Constitucionais, registra:

"Não há norma constitucional de valor meramente moral ou de conselho, avisos ou lições, já dissera Ruy, consoante mostramos noutro lugar. Todo princípio inserto numa Constituição rígida adquire dimensão jurídica, mesmo aquelas de caráter mais acentuadamente ideológico-programático, como a declaração do art. 151 da Carta Política brasileira de 1967: 'A ordem econômica tem por fim realizar a Justiça Social', ou estas: 'O poder Público incentivará a pesquisa científica e tecnológica' (art. 171, parágrafo único, CF/67); 'O amparo à cultura é dever do Estado' (art. 172 da CF/67)."[60]

Daí haver averbado, com igual fidelidade:

"Temos que partir, aqui, daquela premissa já tantas vezes enunciada: não há norma Constitucional alguma destituída de eficácia. Todas elas irradiam efeitos jurídicos, importando sempre inovação da ordem jurídica preexistente à entrada em vigor da Constituição a que se aderem, e na ordenação da nova ordem instaurada."[61]

De fato não faria sentido que o Constituinte enunciasse certas disposições apenas por desfastio ou por não sopitar seus sonhos, devaneios ou anelos políticos. A serenidade ao ato constituinte impediria a suposição de que os investidos em tão alta missão, dela se servissem como simples válvula de escape para emoções antecipadamente condenadas, por seus próprios emissores, a permanecerem no reino da fantasia. Até porque, se desfrutavam do supremo Poder Jurídico seria ilógico que desfrutando-o houvessem renunciado a determinar impositivamente aquilo que consideraram desejável, conveniente adequado.

Atendo-nos às disposições sobre Justiça Social, objeto único das presentes cogitações — percebe-se, já num primeiro relanço —, que algumas normas investem os indivíduos, de algo, em direitos de maior consistência ou expressão do que outras fazem.

É que certos preceptivos constitucionais outorgam imediatamente, sem necessidade de qualquer regramento ulterior, tanto o desfrute imediato e positivo de certos benefícios quanto a possibilidade de exigi-los se acaso forem negados.

Sirva de exemplo, a regra que limita em oito horas de jornada de trabalho (art. 7º, XIII), a que garante o repouso semanal e nos feriados remuneradamente (art. 7º, XV) ou a que confere liberdade sindical (art. 8º). Ditas normas prescindem de qualquer disposição provinda da lei ordinária para seu imediato cumprimento.

---
(60) SILVA, José Afonso. *Aplicabilidade das normas constitucionais.* 8. ed. São Paulo: Saraiva, 2012. p. 73.
(61) *Ibidem.* p. 75.

De revés, outros versículos constitucionais, em decorrência de sua dicção, dependem de normação infraconstitucional para desprenderem a plenitude dos efeitos a que se destinam e que neles se encontram virtualmente abrigados. Também eles, de imediato, deflagram efeitos, porém, de menor densidade que os anteriores. Com efeito, não outorgam, por si mesmos, o desfrute positivo de um benefício, nem permitem exigir que este venha a ser juridicamente composto e deferido.

Sem embargo como ao diante melhor se verá, permite-se aos interessados contraporem-se aos atos legislativos e infralegislativos praticados em antagonismo com a previsão constitucional. Vale dizer: e não proporcionam sacar uma utilidade positiva, fruível a partir da simples norma constitucional, proporcionam, entretanto, empecer comportamentos antinômicos ao estatuído.

Além disto, e por força disto, surtem a consequência de impor ao exegeta na análise de quaisquer atos ou relações jurídicas, contenciosas ou não (portanto submetidas ao Poder Judiciário, ou apenas dependentes de aplicação administrativa) o dever jurídico inescusável de interpretá-los na mesma linha e direção estimativa para aponte o dispositivo Constitucional.

É quanto basta para evidenciar quer a juridicidade e impositividade destes dispositivos, quer a relevância que apresentam como instrumento defensivo da Justiça Social. Seria o caso, por exemplo, da regra que estatui como princípios a função social da propriedade (art. 170, III).

Em face de tudo isso, resulta claro que seria um equívoco supor que as normas ora cogitadas não investem os interessados em direitos de qualquer espécie.

Essas duas espécies de regras, a que se acaba de aludir neste passo, comportam em seu interior outras disposições, em atenção a novos aspectos diferenciais. Além disto, não são as únicas espécies tipológicas reconhecíveis no Texto Constitucional. Com efeito há ainda, regras meramente atributivas de competência públicas e das quais não se pode extrair, diversamente das hipóteses anteriores, limitação ou constrangimento algum para seus titulares. Seus efeitos jurídicos são os de conferir poder aos destinatários das competências outorgadas. O único direito que delas procede para os indivíduos é o de que as competências em pauta não sejam exercidas senão pelos sujeitos nelas regularmente investidos.

Parece-nos então formular um quadro genérico dos distintos tipos de normas constitucionais e suas subdivisões internas, tomando como critério sistematizador a consistência e amplitude dos limites imediatamente resultantes para indivíduos. Com efeito a partir daí será possível examinar-se especialmente a força jurídica, isto é, a eficácia de regras constitucionais atinentes à

Justiça Social e reconhecer-se direitos que efetivamente podem ser invocados desde logo pelos interessados.

Esperamos demonstrar, uma vez assentadas as premissas sobre a tipologia e eficácia das normas, que surtirão ao final, conclusões um tanto surpreendente. Isto é, que uma correta análise das dicções constitucionais relativas à Justiça Social, impõe logicamente concluirmos que a partir delas e independentemente de normação ulterior, já são invocáveis direitos sociais muito amplos e sólidos do que se supõe habitualmente.

O fato de virem sendo subutilizados pelos interesses ou de virem sendo desconhecidos e sem fins pelo Poder Público, não infirma a tese jurídica de que existem e estão disponíveis. Tal fato serve apenas para incitar os estudiosos do Direito a transitarem persistentemente por este tema e a buscarem em juízo o reconhecimento efetivo destes direitos postergados até a consolidação de uma consciência nacional capaz de determinar a positividade fática destes direitos ao menos quando levados à apreciação do Judiciário.

6.4. CLASSIFICAÇÃO DAS NORMAS CONSTITUCIONAIS QUANTO À IMEDIATA GERAÇÃO DE DIREITOS PARA OS ADMINISTRADOS

Ao examinar-se o tema da aplicabilidade das normas constitucionais é questão de notável importância perquirir nos dispositivos da Lei Máxima a variedade de espécies reconhecíveis sob o ponto de vista da consistência dos direitos que geram de imediato para os cidadãos. Em suma: é de notável utilidade identificar as distintas posições jurídicas em que os administrados se veem imediatamente investidos em decorrência das regras constitucionais.

Estas perquirirão com o questionamento sobre a eficácia plena, contida ou limitada dos preceitos da Carta Maior. Também não se superpõe à análise relativa à autoaplicabilidade das normas ou sua dependência de regramento ulterior. Outrossim, não confere com a identificação de normas restringíveis ou intangíveis. Todas essas investigações a que se acaba de aludir são certamente muitíssimo importantes. É provável mesmo que no fundo tenham como projeto implícito subjacente concorrerem também para cotar respostas ao questionamento central referido a saber: "Qual a tipologia e a consistência dos direitos diretamente dedutíveis das normas constitucionais em prol dos administrados?".

Ocorre, entretanto, que as sistematizações mencionadas não apontam direta e frontalmente para o objeto mencionado. Assim, terminam por oferecer modelos de análise que se mostram, em inúmeros casos, inaptos para desatar a questão crucial referida. Pelo menos é certo que não são montadas em função de um critério adrede estabelecido para ressaltar e exibir, primordialmente as variedades de normas quanto à consistência da posição jurídica que deferem aos administrados.

Para confirmarmos essas assertivas, tomaremos por exemplo, o modelo oferecido por José Afonso da Silva, em sua excelente sistematização tripartida. Haveria compreensível mas falaciosa tentação de supor que as normas de eficácia plena outorgam sempre aos administrados a posição jurídica de máxima consistência. Deveras em paralelismo com as de eficácia contida, cujos efeitos podem ser limitados por regramento ulterior e com as de eficácia limitada plena deflagraram cabalmente seus efeitos em desatada e imediata aplicação prescindindo de legislação ulterior e repelindo restrições em seu conteúdo.

Não obstante em inúmeros casos as normas de eficácia plena são, precisamente, as que conferem a posição jurídica mais débil para os administrados. Essa espécie de norma tem a peculiaridade de poder gerar tanto a posição jurídica mais forte para os cidadãos quanto a posição jurídica mais fraca.

Basta se pensar na regra do art. 22, I, da Carta do País, segundo a qual compete a União legislar sobre direito civil, ou direito comercial, *verbi gratia*. É norma de eficácia plena. Surte, de logo todos os seus efeitos que são precisamente os de investir a União no poder de editar tais regras. Sem embargo por força deste preceptivo os administrados não colhem direito algum exceto o de que tal legislação em sendo editada, só o seja pela União. Vale dizer: os cidadãos não sacam desta regra qualquer utilidade ou benefício. Também não podem exigir que o Legislativo legisle, nem podem — com base nela — obstar que o faça segundo os rumos ou finalidades tais quais eleitos pelo órgão legiferante.

Antagonicamente a norma do art. 206, IV, impositiva de gratuidade do ensino primário os estabelecimentos oficiais, e que também é regra de eficácia plena confere imediatamente aos administrados o direito de fruir dessa gratuidade e de exigi-la caso o estabelecimento oficial a viole.

6.5. A JUSTIÇA SOCIAL NA CARTA CONSTITUCIONAL DO PAÍS

O tema da Justiça Social está contemplado sobretudo nos arts. 7º e 170 da Lei Maior, sendo que aquele arrola os direitos mínimos do trabalhador no Brasil.

Ambos os preceitos são de máxima relevância contudo, há também outros versículos de grande significação. Sirva de exemplo o art. 9º, atinente ao direito de greve, ou, ainda, certos dispositivos imbicados dentro do título relativo à família, educação e cultura. Alguns deles cumprem a função e assinalado realce para efetivar-se a Justiça Social. É o caso do art. 206, IV, que assegura gratuidade do ensino público em estabelecimentos oficiais e no art. 208, I, ensino fundamental obrigatório e gratuito, assegurada inclusive, sua oferta gratuita para todos os que a ele não tiveram acesso na idade própria.

Não se pretende fazer um exame exaustivo das várias disposições interessantes ao tema, porém contemplá-las genericamente e colher algumas das mais expressivas, qual amostras demonstrativas da aplicabilidade das normas constitucionais, segundo o teor de consistência dos direitos que geram para o cidadão.

Cumpre ressaltar que o título VIII da Carta Maior, cuja rubrica é da Ordem Social — abre-se com o art. 194, *caput*, e seu parágrafo único, o qual estabelece:

> "*Art. 194. A seguridade social compreende um conjunto integrado de ações de iniciativa dos Poderes Públicos e da sociedade, destinadas a assegurar os direitos relativos à saúde, à previdência e à assistência social.*
>
> *Parágrafo único. Compete ao Poder Público, nos termos da lei, organizar a seguridade social, com base nos seguintes objetivos:*
>
> *I — universalidade da cobertura e do atendimento;*
>
> *II — uniformidade e equivalência dos benefícios e serviços às populações urbanas e rurais;*
>
> *III — seletividade e distributividade na prestação dos benefícios e serviços;*
>
> *IV — irredutibilidade do valor dos benefícios;*
>
> *V — equidade na forma de participação no custeio;*
>
> *VI — diversidade da base de financiamento;*
>
> *VII — caráter democrático e descentralizado da administração, mediante gestão quadripartite, com participação dos trabalhadores, dos empregadores, dos aposentados e do Governo nos órgãos colegiados.*"

Registre-se que embora o artigo fale em desenvolvimento nacional e justiça social, não privilegiou o primeiro (desenvolvimento), em relação à segunda, pelo fato de havê-lo mencionado antes. Pelo contrário, a conclusão deverá ser outra, já que os princípios arrolados privilegiam a justiça social. Vale dizer: A Carta impõe desenvolvimento que se faça com relação àqueles ditames de Justiça. Este é o modelo de desenvolvimento proposto na Lei Máxima.

Deveras, a primeira observação a ser feita é a de que embora a forma gramatical estampada no preceito seja enunciativa "a ordem econômica e social tem por fim", sua função, evidentemente, por se tratar de norma jurídica, é prescritiva. Vale dizer: expressa um comando. Semanticamente enuncia um "dever ser". Assim, o que nela está disposto é que a ordem social deverá obedecer aos princípios objetivos relacionados nos itens I a VII.

Em suma, o que o art. 194 faz, é *obrigar, impor, exigir* que a ordem social se estruture e se realize de maneira a atender os objetivos assinalados. Igualmente obriga, exige, impõe que a busca destas finalidades obrigatórias se faça por meio de certos caminhos, também obrigatórios: aqueles estampados nos itens referidos, os quais são erigidos ao nível de princípios.

Princípio como já averbamos de outra feita:

> "*é, por definição mandamento nuclear de um sistema, verdadeiro alicerce dele, disposição fundamental que se irradia sobre diferentes normas, compondo-lhes o espírito e servindo de critério para sua exata compreensão e inteligência, exatamente porque define a lógica e a racionalidade do sistema normativo, conferindo-lhe a tônica que lhe dá sentido harmônico.*"[62]

Sua relevância e sua supremacia sobre as normas ordinárias foram admiravelmente apreendidas por Agustín Gordillo nas seguintes luminares palavras:

> "*Diremos entonces que los principios de derecho contenidos en la Constitución son normas jurídicas, pero no sólo eso: mientras que la norma es un marco dentro del, cual existe una cierta libertad, el principio tiene sustancia integral. La simple norma Constitucional regula el procedimiento por el que son producidas las demás normas inferiores (ley, reglamento, sentencia) y eventualmente su contenido: pero esa determinación nunca es completa, ya que la norma superior no puede ligar en todo en todo sentido y en toda dirección el acto por el cual es ejercitada; el principio, en cambio, determina en forma integral cual ha de ser 'la sustancia del acto por el cual se lo ejecuta'.*
>
> *La norma es límite, el principio es límite y contenido. La norma da a la ley facultad de interpretarla o aplicarla en más de un sentido, y el acto administrativo la facultad de interpretar la ley en más de un sentido; pero el principio establece una dirección estimativa, un sentido axiológico, de valoración, de espíritu. El principio exige que tanto la ley como el acto administrativo trapacen sus límites y además tengan su mismo contenido, sigan su misma dirección, realicen su mismo espíritu.*
>
> *Pero, aún más, esos contenidos básicos de la Constitución rigen toda la vida comunitaria y no solo los actos a que más directamente se refieren o las situaciones que, más expresamente contemplan.*"[63]

---

(62) RIZZATTO NUNES, Luiz Antonio. *O princípio constitucional da dignidade da pessoa humana:* doutrina e jurisprudência. 3. ed. São Paulo: Saraiva, 2010. p. 49.
(63) PERROT, Abeledo. Introduce al derecho administrativo. 2. ed. 1966. *Revista de Previdência Social,* São Paulo: RPS, n. 255, p. 148, fev. 2002.

Eis a razão, por que em outras oportunidades já foi dito pelo Mestre Celso Antônio Bandeira de Mello:

> *"Violar um princípio é muito mais grave que transgredir uma norma. A desatenção ao princípio implica ofensa não apenas a um específico mandamento obrigatório, mas a todo o sistema de comandos. É a mais grave forma de ilegalidade ou constitucionalidade, conforme o escalão do princípio violado, porque representa insurgência contra todo o sistema, subversão dos valores fundamentais, contumélia irremissível a seu arcabouço lógico e corrosão de sua estrutura mestra."*[64]

Segue-se que todas as leis, os decretos-leis e todos os atos administrativos hão de perseguir o desenvolvimento nacional e a justiça social e hão de pautar-se obrigatoriamente pelos princípios mencionados no art. 194, sob pena de serem inconstitucionais, naquilo em traduzirem descompasso com as finalidades estatuídas e com os princípios a que se devem ser.

Outra conclusão seria impossível, salvo negando-se o próprio Direito. Não há pois, qualquer possibilidade de serem validamente produzidas leis, decretos-leis, regulamentos, resoluções ou atos concretos do Executivo se estiverem em desarmonia com as regras mencionadas.

Ora bem, quando um ato é inválido o Direito o rechaça. Se nulo, o Poder Judiciário ao apreciar uma lide deve fulminá-lo *ex officio*; se anulável, terá de fazê-lo sob provocação da parte. Outrossim, à Administração, ao conhecer de vício em ato seu ou instigada por terceiro, eliminá-la do universo jurídico, repudiando atos nulos ou anuláveis que estejam a macular o TEXTO CONSTITUCIONAL.

Desde logo, o art. 85 da Constituição Federal de 1988 configura como crime de responsabilidade do Presidente da República a prática de atos que atentem contra a CONSTITUIÇÃO e, especialmente, contra — entre outros valores — "o exercício dos direitos políticos, individuais e sociais".

Donde qualquer ato do Chefe do Executivo que transgrida as finalidades da Ordem Econômica e Social e viole os princípios arrolados no art. 194 ou os direitos sociais do trabalhador aloja-se, *in abstracto*, no campo sancionado pelo art. 85, sempre que implique atentado ao exercício destes direitos — como o "direito" de greve, por exemplo. Ademais, o art. 102, I, "a", prevê a ação direta de inconstitucionalidade quando se tratar de lei ou ato normativo federal. Isto significa que a própria Lei Maior estabelece o dever de serem expurgados do sistema os atos normativos praticados em desacordo com suas disposições.

---

(64) MELLO, Celso Antônio Bandeira de. *Curso de direito administrativo*. 12. ed. São Paulo: Malheiros, 2000. p. 88.

Mas não é só isso.

Em muitos casos, o ato inconstitucional, que soube ofender a ordem jurídica, implicará em lesão ao patrimônio público. E aí haverá lugar para a propositura de ação popular, contemplada no art. 5º, LXXIII.

Entendemos que o conceito de lesão ao patrimônio público deve ser entendido dentro de balizas mais delatadas que as reconhecidas habitualmente para seu alcance. Estamos em que procede a tese segundo a qual esta via jurídica não autoriza mera defesa do direito objetivo, independentemente de qualquer gravame ao patrimônio público. Sem embargo, não parece, ante a índole do instituto, que o conceito de patrimônio público deva ser considerado com vistas acanhadas ou com mirada pedestre.

Não há razão substante para isso. Também é patrimônio público, o patrimônio cultural, que não se expressa apenas em monumentos históricos, em edificações significativas, em documentos valiosos para nossa tradição. É patrimônio cultural de um povo, também, e sobretudo, aquele que encarna valores cívicos e sociais transcendentes. Tal patrimônio expressa em valores espirituais, consagrados, outrossim, pelo Direito, e encarna bens tão estimáveis ou mais estimáveis que as realizações materiais nas quais se incorporam outros interesses elevados.

O respeito à dignidade humana, estampada nos direitos sociais, é patrimônio de suprema valia e faz parte, tanto ou mais que algum outro, do acervo histórico, moral, jurídico e cultural de um povo. O Estado, enquanto seu guardião, não pode amesquinhá-lo, corroê-lo, dilapidá-lo ou dissipá-lo.

Se, para fins de ação popular, o patrimônio ecológico — por ser o campo de ambiência humana — é reconhecido como incluso no conceito de patrimônio público, não há como negar que dentro deste conceito cabem interesses ainda mais fortes, porque dizem respeito ao próprio homem e não simplesmente ao que lhe é exterior.

Então, haverá que distinguir as normas de mera organização e as normas em que se encerram bens, interesses, que são os produtos expressivos da cultura de um povo. Entre estas, indubitavelmente, encontram-se as normas relativas à Justiça Social.

A ação popular não é meio de defesa da legalidade *sic et simpliciter*. Porém, sendo via de defesa do patrimônio público, entendemos forçoso concluir que está plenamente juridicizada a possibilidade de atacar-se, por este meio, ato que lese este patrimônio comum do povo brasileiro: a **Justiça Social,** tal como estampada no Diploma Superior do País.

Feitas estas considerações de ordem geral, debrucemo-nos sobre alguns preceitos do art. 194, em seus vários itens.

O inciso II estabelece a obrigatória *"valorização do trabalho, como condição da dignidade humana"*.

Essa regra não é apenas — embora também o seja — um comando para o legislador e uma diretriz inafastável quer para o Executivo, na produção de sua política econômica e social, quer para os empregadores. Ela é — mais que simples programa — uma fonte de direito subjetivo para o trabalhador. Quer-se dizer: qualquer ato normativo ou concreto que traduza desrespeito à valia do trabalho como condição da dignidade humana, será inconstitucional e estará, desde logo, transgredindo um direito de todos e de cada um dos indivíduos atingidos.

Deveras a Carta Constitucional não pode valer menos que uma lei, que um regulamento ou uma Portaria do Ministério do Trabalho.

Se o texto Constitucional proclama que *"a valorização do trabalho é condição da dignidade humana"* e erige esta noção em princípio, vale dizer, em cânone mais forte que uma simples regra, ele é invocável como supedâneo imediato de uma pretensão jurídica.

É puramente ideológica — e não científica — a suposição de que este preceito necessitaria de ulteriores especificações para embasar oposição a atos descompassados com tal mandamento.

Nem se diga que está em pauta conceito vago, fluído, impreciso e por isso carente de especificação legal. Já se anotou que os conceitos desta ordem são comuns nas regras jurídicas e têm, todos eles, um núcleo significativo estreme de dúvidas. Por isso ao Judiciário cabe conhecer de seu alcance para aplicação do Direito no caso concreto. Não há como supor que a inteligência judicial seja, de direito, e muito menos de fato, desamparada de luzes bastantes para extrair deste preceptivo a dimensão que tem. Falece razão lógica prestante para preservar ao Legislativo a compreensão de um mandamento constitucional e a assinatura de sua amplitude.

No art. 170, III, decide que a propriedade terá "função social". Por idênticas razões, os cidadãos atingidos por atos do Poder Público que façam — como muitas vezes fazem — *tabula rasa deste cânone*, poderão invocá-lo para obstar atos agressivos ao comando em pauta. Havendo, como há, largos tratos de terras públicas devolutas sem qualquer utilização por decênios, é inconstitucional legitimar, por este ou por aquele meio de pessoas ou empresas abonadas, na posse ou propriedade delas, sempre que isto implique desalojar modestos posseiros que ali residam.

Cabe, em nome da função social da propriedade — que este é o mínimo de sentido atribuível à expressão — reconhecer precedência para estes na ocupação e permanência na terra. Para supeditar esta precedência basta o art. 170, III, que é igualmente suficiente para embasar a nulidade de medidas que conflitem com a função social reconhecível à propriedade. Por isso, é defesa hábil e suficiente, de direito, a invocação deste preceito para a garantia, em juízo, dos economicamente desamparados em situações desta espécie. E o Poder Judiciário estará dando cumprimento a sua missão específica se fulminar, com fundamento na CARTA CONSTITUCIONAL, providências incompatíveis com o sentido daquela regra do art. 170.

Ainda aqui, a fluidez do conceito função social é causa bastante para considerá-lo de valência nula. Recusar-lhe algum conteúdo implicaria sacar do texto constitucional e o que neste está. Corresponderia a ter como não escrito o que ali se consignou. Equivaleria a desmanchar, sem título jurídico para tanto, um princípio apontado como cardeal no sistema. Donde, no interior do campo significativo irrecusável comportado pela expressão função social, é dever do Judiciário, sob apelo do interessado, fazê-lo aplicável nas relações controvertidas.

6.6. A ASSISTÊNCIA SOCIAL

6.6.1. DOS DIREITOS SOCIAIS

À Constituição Federal no art. 6º diz que:

> "*São direitos sociais a educação, a saúde, o trabalho, a moradia, o lazer, a segurança, a previdência social, a proteção a maternidade e à infância, a assistência aos desamparados, na forma desta CONSTITUIÇÃO.*"[65]

6.6.2. DA ASSISTÊNCIA SOCIAL

No art. 203 da Lei Maior, trouxe a seguinte garantia constitucional:

> "Art. 203. A assistência social será prestada á quem dela necessitar, independentemente de contribuição à Seguridade Social, e tem por objetivos.
>
> (...)
>
> V — a garantia de um salário mínimo de benefício mensal a pessoa portadora de deficiência e ao idoso que comprovem não possuir

---

(65) *Constituição Federal da República Federativa do Brasil de 1988.*

meios de prover a própria manutenção ou de tê-la provida por sua família, conforme dispuser a lei."[66]

O presente trabalho versará exatamente sobre essa garantia constitucional, como um dos Benefícios aos segurados da Previdência Social, no âmbito da Seguridade Social.

Sendo, portanto, os objetivos fundamentais da República Federativa do Brasil:

"I — construir uma sociedade livre, justa e solidária;

II — garantir o desenvolvimento nacional;

III — erradicar a pobreza e a marginalização e reduzir as desigualdades sociais;

IV — promover o bem de todos, sem preconceitos de origem, raça, sexo, cor, idade e quaisquer outras formas de discriminação."[67]

É necessário compreender que para que haja uma sociedade livre, justa e solidária, o caminho é a JUSTIÇA SOCIAL, tratar as pessoas dignamente, como brasileiros que somos e aos estrangeiros residentes no Brasil também, não há desenvolvimento nacional, enquanto houver brasileiros na linha abaixo da pobreza, desrespeito a função social da propriedade, que tanto marginaliza nosso povo; uma vez reduzidas as desigualdades sociais, estará a nação no início da trajetória do desenvolvimento nacional.

6.6.3. A SEGURIDADE SOCIAL

Para conceituar a Seguridade Social, é preciso compreender que é parte de um todo, chamado proteção social. A sociedade organiza-se com a finalidade de proteger as pessoas que a integram. Outro não é o objetivo da comunidade organizada em Estado senão promover o bem-estar de todos, sem preconceitos de origem, raça, cor, sexo, idade. Essa proteção social é materializada por diversos instrumentos como o fundo de garantia por tempo de serviço o programa de seguro-desemprego e a seguridade social com suas três vertentes: saúde, previdência social e assistência social.

No Brasil, até o nascimento da Constituição da República de 1988, a proteção social fazia-se por intermédio do sistema de previdência. A pesquisa

---

(66) *Constituição Federal da República Federativa do Brasil de 1988.*
(67) *Constituição Federal da República Federativa do Brasil de 1988.*

nas Constituições anteriores descortina, com segurança como se fazia antes de 1988 essa proteção assistencial.

A Constituição Imperial de 1824 criou regime de mutualidade que significa o regime.

6.6.4. O SALÁRIO MÍNIMO

Consideremos, agora, hipótese distinta. Examinemos regra inclusa na categoria das normas que geram utilidade substancial positivamente fruível pelos cidadãos, porque descritiva da conduta alheia, uma vez implementada, realiza a satisfação do bem jurídico outorgado pela Carta do País.

O art. 7º da CONSTITUIÇÃO assegura aos trabalhadores os seguintes direitos,

> "(...) além de outros que, nos termos da lei, visem à melhoria de sua condição social:
>
> IV — salário mínimo capaz de satisfazer, conforme as condições de cada região, as suas necessidades normais e as de sua família."

Como também o art. 203, a CARTA MÁXIMA, diz que:

> *"A Assistência Social será prestada a quem dela necessitar, independentemente de contribuição à seguridade social, e tem por objetivos:*
>
> *(...)*
>
> *V — a garantia de um salário mínimo de benefício mensal à pessoa portadora de deficiência e ao idoso que comprovem não possuir meios de prover à própria manutenção ou de tê-la provida por sua família, conforme dispuser a lei."*[68]

Num primeiro súbito de vista pode parecer que a regra, para ser operativa, depende de lei fixadora de critérios para a definição do salário mínimo. E pode parecer, também, que o salário mínimo fixado pelo Executivo é indiscutível. Entretanto, nenhuma destas suposições seria exata.

É verdade que o mandamento descreve a utilidade a ser fruída — salário capaz de satisfazer as necessidades normais de um trabalhador e sua família,

---

(68) *Constituição Federal da República Federativa do Brasil de 1988.*

conforme as condições da região. A conduta devida, conquanto implícita, é decorrência imediata da textualidade da norma: pagar salário que atenda aos requisitos mencionados.

Segue-se que para a operatividade do preceito nada mais é indispensável senão que o empregador efetue tal paga. Sem dúvida é de todo conveniente que a lei estabeleça critérios e que o Executivo fixe — como o faz — o mínimo devido. Não obstante, se houvesse omissão legal do Executivo, caberia a qualquer trabalhador a que fosse pago salário mínimo abaixo indispensável para atendimento das necessidades normais, acionar seu empregador para que cumprisse o dever constitucional. E o *quantum* devido seria fixado pelo Juiz da causa, que nisto exerceria função nada diferente da que lhe assiste em inúmeros casos em que, por dever de ofício, reconhece o alcance e a extensão de outros conceitos vagos e imprecisos. Assim, quando fixa o "justo preço" de uma indenização ou quando arbitra "quantia módica", ou quando estabelece a cabível pensão alimentar "na proporção das necessidades do autor e dos recursos da pessoa obrigada", ou quando verifica se alguém cuidou da coisa entregue em comodato "como se sua fora", o que está a fazer é pura e simplesmente determinar o conteúdo destas noções fluídas.

Mas não é só isso.

Se o decreto estabelecer salário mínimo inferior às necessidades normais de um trabalhador e sua família — como, de regra, acontece — estará violando um direito CONSTITUCIONAL à paga que é devida ao trabalhador e garantida pela Lei Máxima ("A Constituição assegura aos trabalhadores...").

Uma vez que o Estado é o responsável pela norma fixadora do salário mínimo devido, caso viole o piso constitucionalmente imposto, haverá editado decreto nulo e se tornará o responsável direto pela diferença de valor subtraída inconstitucionalmente ao trabalhador. Sujeitar-se-á, pois, à ação de responsabilidade pelos danos que causou, sem prejuízo do direito dos trabalhadores buscarem, nas vias judiciais, mediante dissídio coletivo, o reconhecimento concreto do salário mínimo que lhes cabe por força da regra constitucional.

Deveras, não há tergiversar. Desde que a Carta do País garante um salário mínimo obediente a certos padrões, o trabalhador faz jus a ele. "Necessidades Normais" não é conceito inapreensível. Não é expressão cabalística, de ocultismo, pertencente ao reino das coisas que escapam a compreensão humana. Aliás, se fora, o Texto Maior não haveria mencionado. Trata-se, pois de noção acessível à mente humana.

Tudo se resume, portanto, em uma análise fática daquilo que compõe ou necessita compor o quadro das despesas correntes de um homem e sua família, em certa época e região, para que possam ter uma existência digna. Com efeito há, como visto, no art. 7º, IV, um referencial a ser computado para a apreensão do salário mínimo capaz de satisfazer as necessidades normais. O versículo em tela estatui a *"valorização do trabalho como condição da dignidade humana"*. Donde, resulta evidente que estará fora do conceito de salário *"capaz de atender às necessidades normais"* o salário que não compuser o suficiente para uma vida digna.

Sem dúvida, a noção do que sejam "necessidades normais" a serem satisfeitas por um salário mínimo comporta alguma dissensão, certas controvérsias, um *quantum* de dúvidas, pelo que não se pode, com precisão capilar, antecipar definição de fronteiras milimetricamente demarcadas. Entretanto, se isto é verdade, ao menos verdadeiro é que as dúvidas e controvérsias se localizam nas franjas do conceito e não em sua zona central, nuclear.

Há um abalo de incertezas, uma auréola brumosa. Todavia, esta região fluída circunda um campo central denso de conteúdo significativo, onde a intelecção se instala com firmeza. É dizer: há limite dentro do qual não se poderá duvidar do uso próprio e pertinente da palavra; é também um limite a partir do qual não se poderá duvidar do uso impróprio e abusivo da palavra. Ao judiciário cabe dizer sobre isso.

A respeito, calha uma observação postrema.

Supor que é o Legislativo, e só ele, o titular da dicção do critério sobre o que seja o salário mínimo — e não o Judiciário — implica proferir um absurdo jurídico incapaz de resistir a mais superficial análise. E muito pior seria atribuir ao Executivo, exclusividade na inteligência de qual seria *in concreto* o salário mínimo cabível nas diferentes regiões do País.

O intérprete das normas — quem diz a verdade jurídica — não é o Legislativo, nem o Executivo, mas o Judiciário. Ora, as disposições constitucionais são normas. Assim, o titular do poder jurídico de dizer sobre elas é, pois, o Judiciário.

E em nosso sistema sua pronúncia incide sobre normas legais, e sobre normas constitucionais, tanto que, qualquer Juiz, *incidenter tantun* emite juízo acerca da constitucionalidade de leis, ao decidir situações contenciosas. Além disso, entre nós, existe a declaração de inconstitucionalidade de lei em tese pelos Tribunais. Sobre mais, é próprio do Judiciário averiguar se um ato administrativo está ou não conforme normas.

Outrossim, pretender que a invocação de uma garantia constitucional depende de lei, ou ainda mais grave, de decreto, implicaria reconhecer maior força à lei e ao decreto que à CONSTITUIÇÃO — o que seria um desate. E pretender que a definição legal existente ou a fixação específica do salário mínimo é irrecusável, corresponderia ao despautério de atribuir ao Legislativo ou ao Executivo o monopólio da interpretação das normas constitucionais, quando sequer lhes pertence, como função, a tarefa interpretativa.

A interpretação que o Legislativo faz da Lei Maior é simples condição do exercício de sua missão própria. Legislar dentro dos termos permitidos. Nisto não se diferencia da interpretação das leis que o Executivo necessita fazer para cumpri-las. Porém, nem um nem outro tem a função jurídica de interpretar normas. A interpretação que fazem é itinerário lógico irremissível para o cumprimento de outras funções. Diferentemente, o único a quem assiste — monopoliticamente — a função de interpretar normas, para aplicá-las aos casos concretos, é o Poder Judiciário.

Por tudo isto, é irrecusável o direito dos cidadãos a postularem jurisdicionalmente os direitos que decorrem das normas constitucionais reguladoras da Justiça Social, captando de suas disposições, conforme o caso, como também de comportamentos discrepantes dos vetores constitucionais — como a anulação de atos agressivos à função social da propriedade ou à expansão das oportunidades de emprego produtivo.

7

DA ORDEM SOCIAL

7.1. DO BENEFÍCIO ASSISTENCIAL — LEI N. 8.742/93

O art. 193 da Carta Maior, *caput* diz: *"tem como base o primado do trabalho, e como objetivo o bem-estar e a justiça social"*.

Trata-se por evidência de direitos difusos na medida em que a ordem social de um país se constitui na sede axiológica de uma CONSTITUIÇÃO em conjunto com os direitos fundamentais e sociais dos cidadãos.

Entende-se nesta seara, que os tutelados fisicamente desvalidos e dos idosos no papel primacial do chamado e tão em voga o "terceiro setor". Muito ao contrário a atividade de voluntariado se constitui em atividade cidadã, na medida em que se exerce de forma complementar as prestações devidas do Estado Democrático de Direito previsto na CONSTITUIÇÃO FEDERAL de 1988.

Uma das atividades fundamentais do Estado brasileiro segundo o perfil desenhado pela Constituição Federal é o da prestação de serviço digno à grande gama de cidadãos, sendo certo que os princípios e regras constitucionais, são que norteiam a atividade a ser desempenhada pelo Estado de um país democrático.

Muito embora à Constituição Federal de 1988 tenha sofrido grande número de alterações, não menos verdade é que os princípios constitucionais servem de garantia na estabilização de uma Constituição, impondo ao legislador deveres positivos de edição de leis que venham a salvaguardar suas bases ideológicas num "momento constitucional".

Para melhor compreensão sobre o tema, cabe mencionar o sempre lembrado Juiz do E. Tribunal Regional Federal da 4ª Região, Teori Zavascki, leciona que: "os direitos difusos têm como conteúdo bens coletivos de relevantes interesses gerais, mas não têm dono certo", na expressão de Caio Tácito. Segundo definição da Lei n. 8.078/90, interesses ou direitos difusos são "os transindividuais, de natureza indivisível, de que sejam titulares pessoas indeterminadas e ligadas por circunstâncias de fato" e interesses ou direitos coletivos são "os transindividuais de natureza indivisível de que seja titular grupo, categoria ou classe de pessoas ligadas entre si ou com a parte contrária por uma relação jurídica básica".

É fato que o Ministério Público Federal na ação civil pública — Processo n. 2000.71.7.07.000576-3 — 2ª Vara Federal de Caxias do Sul – RS, entendeu que é inconstitucional, do ponto de vista material, o disposto do art. 20, § 3º, da Lei n. 8.742/93, o qual possui a seguinte dicção:

> "Art. 20. O benefício de prestação continuada **é a garantia de 1 (um) salário mínimo mensal** (grifei) à pessoa portadora de deficiência e ao idoso com 70 anos de ou mais e que comprovem não possuir meios de prover a própria manutenção e nem de tê-la provida por sua família.
>
> § 1º Para efeitos do disposto no *caput*, entende-se como família o conjunto de pessoas elencadas no art. 16 da Lei n. 8.213, de 24 de julho 1991[69], de que vivam sob o mesmo teto.
>
> § 2º Para efeito de concessão deste benefício, a pessoa portadora de deficiência é aquela incapacitada para a vida independente e para o trabalho.
>
> § 3º Considera-se incapaz de prover a manutenção da pessoa portadora de deficiência ou idosa, a família cuja renda mensal *per capita* seja inferior a 1/4 (um quarto) do salário mínimo."

É de se ressaltar que a incompatibilidade material resulta da verificação de relação de congruência entre o dispositivo de lei fruto da vontade do legislador com o dispositivo da CONSTITUIÇÃO, o qual expressa à vontade da Nação.

No presente caso, bem como consignado pelo representante do Ministério Público Federal em Caxias do Sul/RS, revelou-se arbitrária e desproporcional

---

(69) "São beneficiários do Regime Geral de Previdência Social, na condição de dependentes do segurado:
I — o cônjuge, a companheira, o companheiro, e o filho não emancipado, de qualquer condição, menor de 21(vinte e um) anos ou inválido; II — os pais; III — o irmão não emancipado, de qualquer condição, menor de 21 anos ou inválido."

a fixação do critério previsto no § 3º do art. 20 da lei em comento, a qual não está resguardada do judicial *review* no sistema brasileiro.

Ora, se o próprio *caput* do dispositivo (art. 20) considera o valor de um salário mínimo como o necessário para fazer frente às necessidades individuais do portador de deficiência ou ao idoso que não possua instrumentos que garantam sua sobrevivência, como então exigir que a renda individual de cada membro economicamente ativo da família não supere o patamar de 1/4 (um quarto) do salário mínimo.

Resulta patente pela mera leitura dos dispositivos que o legislador elegeu dois critérios supostamente técnicos na definição da mesma situação de fato, qual seja, necessidade individual da pessoa humana no país.

Não foi observada a aplicação da proporcionalidade na edição do dispositivo de lei enfocado (art. 20, § 3º, da Lei n. 8.742/93) na medida em que desrespeitou o comando CONSTITUCIONAL que emana do art. 5º, *caput*, da Constituição:

> "Art. 5º Todos são **iguais** perante a lei, sem distinção de qualquer natureza, garantindo-se aos brasileiros e aos estrangeiros residentes no País a inviolabilidade do direito à vida, à liberdade, à igualdade, à segurança e à propriedade, nos termos seguintes:
>
> (...)."

É notório que o dispositivo de lei atacado criou grave iniquidade; vale dizer que exatamente neste, que a SEGURIDADE SOCIAL, tem se agarrado, negando a concessão do Benefício de prestação continuada, iniquidade esta que vedado pela CONSTITUIÇÃO FEDERAL, na medida em que considera que a necessidade individual de um cidadão brasileiro idoso ou deficiente somente pode ser suprido com pelo menos um salário mínimo mensal, enquanto que a mesma lei (e o mesmo artigo) preceitua que o outro cidadão brasileiro — hígido — pode suprir suas necessidades individuais com o equivalente a 1/4 do salário mínimo, podendo despender o valor restante com os demais membros de sua família.

Odiosa e iníqua é esta regra, atenta contra o princípio da isonomia entre os cidadãos, de índole aristotélica, base da civilização ocidental moderna e das Constituições dos países democráticos.

Sem adentrar nas discussões teóricas acerca de diferenciação pela doutrina entre a interpretação conforme a declaração parcial, sem redução do texto legal, é "mister" salientar que a interpretação conforme tem como finalidade preservar a lei no ordenamento jurídico, sem decretar a nulidade *ab initio* desde que se confira uma hermenêutica consoante a CONSTITUIÇÃO FEDERAL DE

1988 e o ESTADO DEMOCRÁTICO DE DIREITO, tarefa destinada ao dia a dia dos Magistrados do País, em especial aos Federais.

Dentro deste contexto, bastante oportuno o magistrado de primeira instância declarou de forma incidente a inconstitucionalidade do dispositivo do art. 20, § 3º, da Lei n. 8.742/93, pelos argumentos já expendidos, da qual somente não será inconstitucional caso seja interpretada da seguinte forma:

> *"Art. 20. O benefício de prestação continuada é a garantia de 1 (um) salário mínimo mensal à pessoa portadora de deficiência e ao idoso com 70 anos ou mais que comprovem não possuir meios de prover a própria manutenção e nem tê-la provida por sua família.*
>
> *(...) (omissis)*
>
> *§ 3º Considera-se incapaz de prover a manutenção da pessoa portadora de deficiência ou idosa a família cuja renda mensal* per capita *seja inferior a 1 (um) salário mínimo."* (grifei)

Sabiamente o Magistrado da 2ª Vara Previdenciária Federal de Caxias do Sul, julgou procedente o pedido formulado pelo Ministério Público Federal, concedam o Benefício Constitucional a Prestação Continuada ao segurado da Seguridade Social.

Vejamos, por oportuno, a íntegra da Ementa desta Adin, *verbis*:

> **"Medida Liminar em Ação Direta de Inconstitucionalidade.** *Conceito de 'família incapaz de prover a manutenção da pessoa portadora de deficiência ou idosa' dado pelo § 3º do art. 20 da Lei Orgânica da Assistência Social (Lei n. 8.742, de 7.12.1993) para regulamentar o art. 203, V, da Constituição Federal. 1 — Arguição de inconstitucionalidade do § 3º do art. 20 da Lei n. 8.472/93, que prevê o limite máximo de 1/4 do salário mínimo de renda mensal per capita da família para que seja considerada incapaz de prover a manutenção do idoso e do deficiente físico, ao argumento de que esvazia ou inviabiliza o exercício do direito ao benefício de um salário mínimo conferido pelo inciso V do art. 203 da Constituição. 2 — A concessão da liminar, suspendendo a disposição legal impugnada, faria com que a norma constitucional voltasse a ter eficácia contida, a qual, por isto, ficaria novamente dependente de regulamentação legal para ser aplicada, privando a Administração de conceder novos benefícios até o julgamento final da ação. 3 — O dano decorrente da suspensão cautelar da norma legal é maior do que a sua manutenção no sistema jurídico. 4 — Pedido cautelar indeferido.* (STF — Adin — MC n. 1.232-DF, Rel. Min. Maurício Corrêa, DJ em 26.5.1995, p. 15154)

Previdenciário — *Pedido de concessão de renda mensal de amparo previsto no art. 203, V, CF/88 e Lei n. 8.742/93* — *Autor septuagenário e doente, vivendo do salário mínimo percebido pela esposa como doméstica, junto com a filha do casal* — *Insistência do INSS sobre ser a renda per capita familiar superior a 1/4 do salário mínimo, inviolabilizando o pretendido benefício* — *Sentenças mantida. 1 — Teria arrogantemente o legislador resolvido definir o que é miséria por meio de uma lei, o § 3º da Lei n. 8.742/93, afastando quaisquer outros elementos condutores do reconhecimento da situação de penúria que pode levar uma pessoa a suplicar ajutório do Estado? Teria o legislador retornado, para fins de reconhecimento de direito a amparo assistencial, ao vetusto princípio da prova tarifada? Claro que não, pois a correta exegese dessa norma legal mostra que serve apenas como um dado objetivo de insuficiência de sustento do idoso ou portador de deficiência, sem excluir a apuração da situação de pobreza por meio da livre convicção do juiz. 1. Honorários de 10% sobre à condenação mantidos, como é da tradição nesta Corte. 2. Apelação improvida.* (AC n. 95.03.101801-3/SP (00051031), 5ª T., TRF da 3ª R., Rel. Juiz Johonsom di Salvo, j. em 18.4.2000. DJU 27.6.2000, p. 689). 2 — *Cf., igualmente, os seguinte julgados:* AC n. 98.03.075336-3, 5ª T., TRF 3ª R., Rel. Dês. Ramza Tartuce, DJU 5.9.2000; AC n. 91.0342291, 1ª T., TRF 3ª, Rel. Juiz Silnval Antunes, DJU em 29.11.1994. *A Turma ponderou, neste julgamento, que 'a lei ordinária remeteu simplesmente a regulamentação do benefício, pois, o direito em si já ficara assegurado desde a vigência do novo texto constitucional. Demais disso, o texto regulamentador não poderia inovar comando constitucional, já por si suficiente para o gozo do benefício'."*

E ainda aplicou a pena de multa no valor de R$ 1.000,00 (um mil reais) para cada caso de indeferimento individual, contrário a sábia decisão, considerando a relevância e a natureza alimentar das prestações envolvidas.

E ainda salientou que a presente sentença produzia e seus efeitos em benefícios de todos os brasileiros domiciliados na circunscrição judiciária de Caxias do Sul — RS.

É óbvio que o ente público responsável pela concessão do benefício aos deficientes e aos idosos sem condição, é de âmbito federal; tratando-se de coisa julgada, uma vez que tida como inconstitucional o dispositivo em referência, é cabível à concessão a todos os pedidos já formulados após o trânsito julgado da sentença, a qual passou a ter força de eficácia jurídica.

Não é respeitoso o ente público, atender apenas a determinada região do país, uma vez que a norma jurídica tem vigência no espaço, conforme já explicitado anteriormente, ou seja a coisa julgada, no caso concreto, embora não tendo efeito *erga omnes*, nem vinculante, abster-se então o órgão concessor de referida prática, exigindo dos segurado como requisito para a concessão do benefício em pauta, que a renda *per capita* de cada membro da família seja de 1/4 do salário mínimo.

É sabido que infelizmente tal postura ainda não adotada pelo órgão concessor do benefício, das demais regiões do Brasil, veem os ecos de um anseio geral dos desvalidos, para a proteção social da qual esses tanto necessitam torne-se mais abrangentes.

Somente assim atingirá aos objetivos fundamentais da Norma Constitucional, no art. 3º "erradicar a pobreza e a marginalização e reduzir as desigualdades sociais e regionais".

8

DA JUSTIÇA SOCIAL

Em muitos casos o ato inconstitucional, sobre ofender a ordem jurídica, implicará em lesão ao patrimônio público. E aí haverá lugar para a propositura de ações populares, contempladas Constituição Federal.

Como conceito de lesão ao patrimônio público de ser entendido dentro de balizas mais dilatadas que as reconhecidas habitualmente para seu alcance. Está-se em que procede a tese segundo a qual esta via jurídica não autoriza mera defesa do direito objetivo, independentemente de qualquer gravame ao patrimônio público. Sem embargo, não parece, ante a índole do instituto, que o conceito de patrimônio público deva ser considerado com vistas acanhadas ou mirada pedestre.

Não há razão substante para isto. Também é patrimônio público, — o patrimônio cultural — que não se expressa apenas em monumentos históricos, em edificações significativas, em documentos valiosos para a nossa tradição. É patrimônio cultural de um povo, também — e sobretudo — aquele que encarna valores cívicos e sociais, transcendentes. Tal patrimônio expressa-se em valores espirituais, consagrados, outrossim, pelo Direito, e encarna bens tão estimáveis ou mais estimáveis que as realizações materiais nas quais se incorporam outros interesses elevados.

> ***Previdenciário e Processo Civil*** *— Assistência social. Benefício de prestação continuada. Antecipação de tutela. Possibilidade. Pessoa maior de setenta anos. Situação de miserabilidade da família. Prestação de caução. Impossibilidade. 1 — Possibilidade, em tese, de concessão de antecipação de tutela contra a Fazenda Pública. A Lei n. 9.494/97, exceto nas hipóteses contidas em seu art. 1º, sem dúvida nenhuma, admitiu, como regra geral, a possibilidade da antecipação da tutela contra o Poder Público. Precedente do*

C. Superior Tribunal de Justiça. 2 — O fato de as sentenças de conhecimento proferidas contra a autarquia previdenciária estarem sujeitas ao duplo grau obrigatório não impede a concessão de tutela antecipada, pois o instituto do reexame necessário tem por escopo garantir a eficácia da sentença proferida, com a sua confirmação ou não pelo órgão ad quem, em nada se confundindo com os efeitos decorrentes de concessão de liminares, tutelas antecipadas ou mesmo da execução provisória. 3 — É de ser deferido, em sede de tutela antecipada, o pagamento de benefício de prestação continuada aos portadores de deficiência ou maiores de setenta anos que não têm condições, por si ou pela família, de prover a própria subsistência. 4 — O periculum in mora restou configurado, tendo em vista que a autora, considerada pessoa pobre, deve ter acesso ao mínimo necessário à sua sobrevivência, com o que o pagamento do benefício suavizaria sua situação de penúria. 5 — Incabível, no presente caso, a prestação de caução de modo a possibilitar a concessão de tutela antecipada, por se tratar de "crédito" de natureza alimentar. Precedentes do C. Superior Tribunal de Justiça. 6 — Agravo improvido (TRF — 3ª — 2ª T.; AI n. 125252-SP; Reg. n. 2001.03.00.004496-0; Rela. Juíza Federal Convocada Marisa Santos; j. 4.9.2001; v. u.).

8.1. DA RENDA MENSAL VITALÍCIA AO AMPARO ASSISTENCIAL

Com intuito de legarmos uma módica contribuição ao debate dado a importância do assunto, faz-se necessário uma análise dos dois institutos, ambos de caráter assistencial e protecionista, buscando a adequação do amparo instituído, de forma que atenda realmente aos objetivos teleológicos que inspiram o legislador constituinte ao acrescer o último inciso no art. 203 em nossa Carta Política.

O amparo Previdenciário ou, como é mais conhecida, a Renda Mensal Vitalícia, foi instituída pela Lei n. 6.179, de 11.12.1974 (DOU 12.12.1974) visando atender às necessidades mais prementes dos excluídos socialmente e previdenciariamente.

Isso porque, no decorrer destas décadas, como veremos alhures, este auxílio visou a proteção assistencial daqueles cidadãos que não contribuíram pecuniariamente para os cofres da Seguradora Oficial, bem como não possuíam meios de prover suas subsistências ou de tê-las providas por alguém de quem dependesse.

Logo, em idade avançada, num País que discrimina a mão de obra do idoso, ou em estado incapacitante para o labor, sem direito a qualquer benefício regular, caberia, como último baluarte, o amparo previdenciário ora analisado.

Praticamente um ano após a promulgação da Lei n. 6.179/74, encontraremos na CLPS de 1976, instituída pelo Decreto n. 77.077, de 24.1.1976, o mesmo rastro protetor: ...**o maior de 70 (setenta) anos de idade ou inválido definitivamente incapacitado para o trabalho** que, num ou noutro caso, não exerça atividade remunerada, não aufira qualquer rendimento superior ao valor da renda mensal fixada no art. 74, não seja mantido por pessoa de quem dependa obrigatoriamente e não tenha outro meio de prover ao próprio sustento, será amparado pela previdência social (...).

É de todo injusto o atrelamento do auxílio ou amparo previdenciário ao surrealismo, não fosse o infeliz § 3º do art. 20 da Lei anteriormente citada.

Isso porque, conforme se lê no art. 20 do Diploma citada, o referido subsídio governamental manteve o mesmo critério adotado pela sua antecessora, a Renda Mensal Vitalícia, qual seja: prestação em um salário mínimo para os idosos, maiores de setenta anos ou inválidos, que comprovadamente, bem como aos deficientes, que não tenham condições de proverem sua subsistência ou de tê-la provida por seus familiares.

Ocorre, entretanto que o § 3º do Diploma citado aduz "considera-se incapaz de prover a manutenção de pessoa portadora de deficiência ou idosa a família cuja renda mensal *per capita* seja inferior a 1/4 (um quarto) do salário mínimo".

Como se vê trata-se a nosso ver surrealismo o parágrafo limitador *sub judice*. Teria o mesmo efeito se a lei analisada tivesse vinte e um artigos, sendo os primeiros vinte recheados de direitos sociais e protecionistas, constatando, porém, no vigésimo primeiro o conteúdo seguinte. "Art. 21. Todos os artigos precedentes a estes ficam revogados...".

Numa tentativa de vislumbrar quem será o destinatário do propagado auxílio de cunho assistencial, gestionado pelo INSS, tentamos equacionar as seguintes possibilidades: no caso do(a) idoso(a) que reside com seu grupo familiar, na hipótese, com mais duas pessoas, e uma delas receba um salário mínimo por mês; excluído fica enquanto pretendente ao auxílio; no mesmo caso anterior, na hipótese do(a) idoso(a) viver com mais outra pessoa, que perceba um salário mínimo mensal, igualmente não terá direito ao auxílio; ou se tratar de pessoas deficientes, as duas possibilidades anteriores se repetem, com o gravame de, necessariamente existir alguém no grupo familiar que possua alguma renda de, no mínimo, desculpem o trocadilho, o mínimo legal. Também são excluídos.

Sobram, dessa forma duas hipóteses bem concretas a saber:

A uma; o idoso ou a idosa, o(a) deficiente que viva sob o mesmo teto juntamente com outras três ou mais pessoas (nunca menos); todas dependentes de um dos membros, desde que este receba somente um salário mínimo eis que, dividida a quantia assombrosa do mínimo legal por quatro, chegar-se a no critério do 1/4 (um quatro) estabelecido pela odiosa lei.

A duas, o idoso e a idosa ou deficiente que não dependa absolutamente de ninguém, o que, convenhamos, é praticamente impossível.

Sendo assim, chega-se a triste conclusão de que os destinatários da lei serão os mendigos e excluídos socialmente. Acontece, porém, que estes estão totalmente alijados de qualquer processo legal, não possuindo sequer documento de identificação, residência fixa etc., desconhecendo, portanto, o direito que possuem. Ou seja, não pedirão o auxílio assistencial previdenciário e o Governo Federal continuará com o programa, como vem noticiando a imprensa, com a verba para tal, mas, sem pretendente. Certamente utilizará o crédito em outra rubrica.

O retrocesso continua, visto a olhos nus, entre a Renda Mensal Vitalícia e o Amparo Previdenciário, principalmente pelo critério limitador e emperrante disposto no § 3º do art. 20 da Lei n. 8.742/93, é por demais gigantesco, em que pese os panos quentes utilizados pelo Governo Federal na gestão anterior, quando reduziu a idade de 70 para 67 anos, a partir de 1º.1.1998 e 65 anos no ano de 2001.

Ilógico seria se, após a promulgação da Constituição Federal de 1988, onde a figura da Seguridade Social se sobrepôs à do seguro social, dado o conteúdo eminentemente social da carta maior, viesse uma lei, como o fez a Lei n. 8.742/93, em substituição à Renda Mensal Vitalícia, e trouxesse em seu bojo um limitador que termina por invalidar o auxílio enquanto tal.

Chegamos a algumas **conclusões** inevitáveis, com todo respeito, entendendo que o auxílio assistencial previdenciário instituído pela Lei n. 8.742/93 (Lei da Assistência Social), singularmente pelo seu requisito extremamente limitador ao acesso ao mesmo, consagrado no § 3º do art. 20 é irreal, ilógico, socialmente condenável e flagrantemente inconstitucional.

Irreal, porque não atende aos anseios da majoritária parcela de seus destinatários, ou seja, os mesmos favorecidos e socialmente excluídos, que são os cidadãos em potencial mais carentes do auxílio em questão.

Ilógico, vez que rompe com a sistemática protetiva alcançada pela Renda Mensal Vitalícia, sua antecessora, representando um sensível retrocesso aos princípios fundante e norteadora da Seguridade Social.

Socialmente condenável, porque consegue alcançar o objetivo oposto àquele que deveria ter por meta, qual seja, o ataque à pobreza e à marginalidade social, aumentando, com isso, estes dois fatores, agravando, portanto, o subdesenvolvimento em que nos encontramos.

Flagrantemente inconstitucional, tendo em vista que, por ser o que é, nunca será o que deveria ser, frustrando o espírito emanado da Carta Magna de 1988, onde ficaram consagradas, como visto, a **erradicação da pobreza, a redução das desigualdades regionais e a construção de um País mais descente**, onde se possa satisfazer suas necessidades elementares.

Conclusão

1. A tríplice finalidade do sistema de seguridade social

Far-se-á necessário recorrer à Constituição Federal, para se compreender o conjunto integrado de ações de iniciativa dos poderes públicos e da sociedade destinadas a assegurar o direito relativo à saúde, a previdência social e à **assistência social**.

Neste trabalho científico o que estamos tentando discutir é exatamente a assistência social como Direito Social.

Diz o art. 194 da Constituição Federal que:

> "A seguridade Social compreende um conjunto integrado de ações de iniciativa dos Poderes Públicos e da Sociedade, destinadas a assegurar os direitos relativos à saúde, à previdência e à assistência social.
>
> Parágrafo único. Compete ao Poder Público, nos termos da lei organizar a Seguridade Social, com base nos seguintes objetivos:
>
> ...
>
> II — uniformidade e equivalência dos benefícios e serviços às populações urbanas e rurais..."

É de se pensar dentre tantos serviços a serem prestados às populações urbanas e rurais, precisa-se questionar os serviços devidos às populações urbanas e rurais.

É de se pensar que ao dirigir às populações, o legislador pretendeu se chamar a atenção com relação a essas populações. Pretendeu agasalhar grupos de pessoas tendo em comum às necessidades básicas e que o poder público, precisa conceder até por questão de se tratar de necessidades imprescindíveis.

Pode-se então imaginar que um dos serviços que ausente causa enormes prejuízos à sociedade num todo.

Não deveria ser, mas, no entanto, é que, as populações urbanas e rurais não têm acesso às informações, em relação ao dever do poder público que é o elo de ligação entre as populações carentes; na verdade os que mais necessitam são os menos informados.

Logo se vê que a informação precisa estar elencada dentre os serviços a serem colocados à disposição dos segurados da Seguridade Social.

É importante dizer que o presente trabalho não visa atingir aos segurados num todo, mais sim, a uma população tida como "terceiro setor", os idosos que não têm como se suster e as pessoas portadoras de deficiência.

Temos, portanto, dois caminhos a serem percorridos para atingir ao êxito esperado, um seria o Judiciário, que embora cumprindo o seu papel, não está ao alcance dessa população até por o desconhecerem, de fazer cumprir as leis, dar guarida a todos aqueles que sofram lesão ou violação de seus direitos.

Mas o próprio serviço público trata de oferecer a essas populações mecanismos que facilitem o seu acesso às informações que os ajudem a amenizar a tão sofrida sobrevivência que a cada manhã, têm o desafio de superar.

Dentre a tríplice finalidade do sistema, que são três importantes preocupações que buscam assegurar a saúde, a previdência, merece destaque a assistência social, isto porque nesta assistência estão embutidas essas necessidades que dignificam a vida humana.

Como se vê em nosso ordenamento jurídico, normas que garantem a vida humana com dignidade, mormente àqueles a quem a vida não poupou dissabores, aos idosos, e aos portadores de deficiências já existem e estão em vigência, ocorre que àqueles a quem interessam, estes não têm conhecimento, pelo contrário dado a vida limitada com que vivem, se retraem, como quem não quer gerar transtornos e incomodar.

É do conhecimento dos operadores do Direito, a Lei Orgânica da Assistência Social — Lei n. 8.742, de 7 de dezembro de 1993, que vem somar-se com o Estatuto da Criança e do adolescente — Lei n. 8.069, de 13 de julho de 1990 e a Legislação de apoio às Pessoas Portadoras de Deficiência — Lei n. 7.853, de 24 de outubro de 1989; como também já existe a Lei de Política Nacional do Idoso — Lei n. 8.842, de 4 de janeiro de 1994 e ainda o Programa de Apoio à Garantia de Renda Mínima a ser implementado pelas Unidades Federativas — Lei n. 9.533, de 10 de dezembro de 1997; o Programa da Comunidade Solidária — Lei n. 9.649, de 27 de maio de 1999; o Fundo de Combate a Erradicação da Pobreza (Emenda Constitucional n. 31/2000 e a rede privada de entidades beneficentes de assistência social).

Como é notório, os comandos legais, buscam se encontrar e viabilizar o Direito Social, à Justiça Social àqueles a quem as circunstâncias das mais diversas cercearam-lhe a primazia da independência — daí justificar o ente público agasalhar de modo digno diante da grandeza da existência humana.

Quando a Carta Magna assegurou aos cidadãos/segurados o direito de terem seus proventos reajustados, periodicamente, de modo a preservar o poder de compra de seus benefícios, foi igualmente, intenção e desejo do legislador constituinte "a garantia de um salário mínimo de benefício mensal à pessoa portadora de deficiência e ao idoso que comprovem não possuir meios de prover a própria manutenção ou de tê-la provida por sua família".

Este auxílio assistencial previdenciário, que independe de aporte contributivo característica típica dos auxílios assistenciais, cuja contribuição é requisito imprescindível, deve ser analisado dentro de uma hermenêutica igualmente ampliada e sistemática. Isto porque o legislador constituinte de 1988 assegurou no começo da Carta Magna, que um dos objetivos precípuos desta República era o da erradicação da pobreza e da marginalização, bem como a redução das desigualdades sociais.

Ocorre, diariamente que, a luta de milhares de cidadãos, especialmente daquelas famílias que possuem filhos deficientes, parece ter sido inútil, face o requisito do indicador sócio econômico trazido pela lei da assistência social, que estabeleceu como requisito para o pleito do auxílio a percepção da renda *per capita* familiar não superior a 1/4 do salário mínimo vigente.

Aliás, graças à iniciativa de alguns operadores do direito, e até do próprio segurado, inúmeros estão ingressando com ações na Justiça Federal, alegando a inconstitucionalidade do dispositivo limitante do 1/4 do salário mínimo, alcançando sucesso em suas pretensões.

Por outro lado, entendemos que o atual Governo Federal, eleito recentemente com majoritário e esmagador respaldo popular, cujo maior mote está sendo justamente acabar com a fome, por meio do Plano Fome Zero no País (por meio do Programa "Fome Zero"); dará efetivamente a sua contribuição se enviar ao Congresso Nacional Projeto de lei substituindo o nefasto critério do 1/4 do salário mínimo, como vimos, quiçá pelo próprio salário mínimo, assim era na já saudosa Renda Mensal Vitalícia. Que esta medida irá, em muito, contribuir para apaziguar a fome de milhares de brasileiros, que até os chamaríamos de marginalizados, os idosos pelo abandono do Estado, e os deficientes pela falta de respeito a dignidade da pessoa humana.

Neste sentido concluímos que, enquanto não vier a modificação na legislação, como ensejamos que a concretização de grande (ou majoritária) parcela dos direitos sociais constantes na Constituição Federal de 1988, poderão ser efetivados mediante ação criativa e criadora do Judiciário.

2. A DESCENTRALIZAÇÃO DA SEGURIDADE SOCIAL COM A MUNICIPALIZAÇÃO DA ASSISTÊNCIA SOCIAL

Como via de ir ao encontro dessa população dentre diversos meios, merecendo cada um ser estudado nas suas formas, uma é a **descentralização** do atendimento as populações carentes **via município**.

A Seguridade Social Municipal, com a Assistência Social a disposição dos **munícipes**. Pois, como é sabido que atos de cidadania ocorrem no município, neste ente público o munícipe vota, paga suas taxas e tributos, a família reside, dá formação do ensino fundamental, enfim, uma nação começa nos municípios, por que não; fortalecê-los a ponto de sustentar uma linha de **assistência social aos seus munícipes,** de forma a assisti-los por meio de verbas proveniente da União; destinada exclusivamente à **assistência social**, além dos outros trabalhos desenvolvidos por uma **Secretaria de Seguridade Social Municipal**?

Quando os munícipes estão desprovidos dos serviços básicos e elementares, é neste ente público que se enxerga tal desprovimento, dificilmente à União é vislumbrada a realidade vivenciada pelos munícipes, **dada a extensão territorial e as mais variadas realidades**.

Logo a prestação da **Secretaria da Seguridade Social Municipal,** tendo como uma de suas raízes Assistência Social, sustentada pelos recursos da União em **nível municipal,** de forma descentralizada, torna fácil e com maior efetividade acudir com atendimento emergencial os que precisam desta assistência; conhecendo das mais variadas realidades de cada população nos mais diferentes municípios brasileiros; e que deste serviço necessita, socorreria prontamente àqueles que com este benefício sobrevive.

Pode-se inclusive direcionar melhor no atendimento e prioridades, uma vez que estando a disposição no Município, o que certamente equacionaria o tempo demandado, uma vez que se trata de serviços indispensáveis à vida humana, e por assim dizer em respeito à dignidade da pessoa humana.

3. A CRIAÇÃO DA LEI DE RESPONSABILIDADE SOCIAL

Não há o que temer aos riscos de ingerência destes recursos, pois graças a Lei de Responsabilidade Fiscal, o administrador público estaria sujeito às penalidades legais.

Isso não deverá ser pretexto para que à União continue por meio da Seguridade Social, oferecendo por meio dos postos de serviços federais, dos quais vivem superlotados com segurados com pouca disposição física, e com a saúde debilitada em filas nas calçadas a espera de uma "senha", tendo a sua dignidade desrespeitada, enquanto que a administração municipal diante disso nada pode fazer, simplesmente sob a alegação de que é o "serviço público federal"; o que não justifica; pois essas pessoas que são seguradas e também munícipes, têm a sua cidadania que requer respeito nos estritos termos constitucionais.

Logo o clamor pela criação de uma **Lei Responsabilidade Social,** que dispusesse; o administrador público que não atende a essa camada social, que tanto exprime o estado de miserabilidade, primeiro pelo avançado em idade, sem teto, sem ter as condições mínimas de sobrevivência; o outro, o deficiente, pessoas especiais; que pelo próprio quadro, se encontra minimizado, limitado, pelo destino, pela vida; tivessem suspenso os repasses da União, inclusive sujeitos as sanções com a suspensão/cassação dos direitos políticos.

É de se questionar: — Porque os municípios cuidam das praças, de grandes obras, de recapeamento das avenidas, da saúde, da cultura, do lazer, do IPTU, do ISS etc. ainda que de modo que muito deixa a desejar? Entendo que cuidar desses **benefícios da Assistência Social**, é sim também o seu dever... pois, isto é **cidadania**, é inclusão social é um **Direito Social Fundamental,** com total amparo Constitucional.

REFERÊNCIAS BIBLIOGRÁFICAS

ABBAGNANO, Nicola. *Dicionário de filosofia*. 5. ed. São Paulo: Martins Fontes, 2007.

BALERA, Wagner. *Sistema de seguridade social*. 5. ed. São Paulo: LTr, 2009.

BARROSO, Luís Roberto. *Interpretação e aplicação da constituição*: fundamentos de uma dogmática constitucional transformadora. 3. ed. São Paulo: Saraiva, 1999.

BASTOS, Celso Ribeiro. *Curso de direito constitucional*. São Paulo: Celso Bastos, 2002.

BECKER, Alfredo Augusto. *Teoria geral do direito tributário*. Porto Alegre: Livraria do Advogado, 2013.

BONAVIDES, Paulo. *Curso de direito constitucional*. São Paulo: Malheiros, 2013.

CANOTILHO José Joaquim Gomes. Direito constitucional e teoria da constituição. *Revista de Previdência Social*, São Paulo: RPS, n. 255, p. 126, fev. 2002.

CARVALHO, Paulo de Barros. *O princípio da territorialidade no regime de tributação da renda mundial*. São Paulo: M. Limonad, 1998.

_____. Proposta de modelo interpretativo para o direito tributário. *Revista de Direito Tributário*, São Paulo: Malheiros, n. 70, p. 128, 1998.

_____. O princípio da segurança jurídica em matéria tributária. *Revista da Faculdade de Direito*, Universidade de São Paulo, 98, p. 98, 2003.

_____. *Curso de direito tributário*. São Paulo: Saraiva, 2014.

COIMBRA, Feijó. *Direito previdenciário brasileiro*. Rio de Janeiro: Edições Trabalhistas, 2001.

COPI, Irwing M. Introdução à lógica. *Revista de Previdência Social*, São Paulo: RPS, n. 255, p. 124, fev. 2002.

DAL COL, Helder Martinez. Cassação da liminar em mandado de segurança em matéria fiscal e o sobre princípio da segurança jurídica. *Repertório de Jurisprudência IOB*, n. 20, p. 516, 2000.

FERREIRA LEITE, João Antonio G. *Curso elementar de direito previdenciário.* São Paulo: LTr, 1977.

GONÇALES, Odonel Urbano. *Direito previdenciário para concursos.* 5. ed. São Paulo: Atlas, 2013.

GRAU, Eros Roberto. *Direito, conceitos e normas jurídicas.* São Paulo: Revista dos Tribunais, 1988.

LARENZ, Karl. Metodologia da ciência do direito. *Revista de Previdência Social,* São Paulo: RPS, n. 255, p. 127, fev. 2002.

MELLO, Celso Antônio Bandeira de. *Curso de direito administrativo.* 12. ed. São Paulo: Malheiros, 2000.

MERKEL, Adolph. *Teoría general del derecho administrativo.* Trad. Espanhola. Madrid: Revista de Derecho Privado, 1935 *apud Revista de Previdência Social,* São Paulo: RPS, n. 255, p. 135, fev. 2002.

MIRANDA, Jorge. *Manual de direito constitucional.* 4. ed. Coimbra: Coimbra, 2008. t. IV.

PÉREZ, Jesús Gonzales. *La dignidad de la persona.* 2. ed. Madrid: Civitas, 2011.

PERROT, Abeledo. Introduce al derecho administrativo. 2. ed. 1966. *Revista de Previdência Social,* São Paulo: RPS, n. 255, p. 148, fev. 2002.

PULINO, Daniel. *A aposentadoria por invalidez no direito positivo brasileiro.* São Paulo: LTr, 2001.

RIZZATTO NUNES, Luiz Antonio. *Manual de introdução ao estudo do direito.* 4. ed. São Paulo: Saraiva, 2002.

_____ . *O princípio constitucional da dignidade da pessoa humana:* doutrina e jurisprudência. 3. ed. São Paulo: Saraiva, 2010.

SANTOS, Fernando Ferreira dos. *Princípio constitucional da dignidade da pessoa humana.* São Paulo: Celso Bastos — Instituto Brasileiro de Direito Constitucional, 1999.

SARLET, Ingo Wolfgang. *Dignidade da pessoa humana e direitos fundamentais na Constituição Federal de 1988.* Porto Alegre: Livraria do Advogado, 2001.

SILVA, José Afonso da. *Comentário contextual à constituição.* São Paulo: Malheiros, 2006.

_____ . *Aplicabilidade das normas constitucionais.* 8. ed. São Paulo: Saraiva, 2012.

TEMER, Michel. *Elementos de direito constitucional.* 24. ed. São Paulo: Malheiros, 2012.

VILANOVA, Lourival. *Causalidade e relação no direito.* São Paulo: Revista dos Tribunais, 2000.

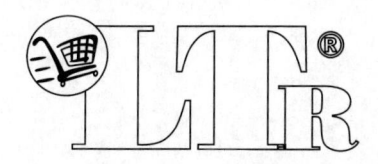

LOJA VIRTUAL
www.ltr.com.br

E-BOOKS
www.ltr.com.br